走向品质办学

——十一位校长的实践探索

陈建吉　主审
程誉技　主编

山西出版传媒集团　山西教育出版社

图书在版编目（CIP）数据

走向品质办学：十一位校长的实践探索／程誉技主编．—太原：山西教育出版社，2020.6（2021.5 重印）
ISBN 978-7-5703-1078-4

Ⅰ．①走…　Ⅱ．①程…　Ⅲ．①中小学—校长—学校管理—文集　Ⅳ．①G637.1-53

中国版本图书馆 CIP 数据核字（2020）第 086088 号

走向品质办学：十一位校长的实践探索

ZOUXIANG PINZHI BANXUE：SHIYI WEI XIAOZHANG DE SHIJIAN TANSUO

责任编辑　刘继安　樊丽娜
复　　审　李梦燕
终　　审　康　健
装帧设计　王耀斌
印装监制　蔡　洁

出版发行　山西出版传媒集团·山西教育出版社
（太原市水西门街馒头巷 7 号　电话：0351-4191526　邮编：030002）
印　　装　山西三联印刷厂
开　　本　720×1020　1/16
印　　张　16
字　　数　220 千字
版　　次　2020 年 6 月第 1 版　2021 年 5 月山西第 2 次印刷
书　　号　ISBN 978-7-5703-1078-4
定　　价　48.00 元

如发现印、装质量问题，影响阅读，请与出版社联系调换。电话：0351-4729718

走向品质办学

——十一位校长的实践探索

目　录

写在前面的话

2019年6月，中共中央国务院印发了《关于深化教育教学改革全面提高义务教育质量的意见》，指出“义务教育质量事关亿万少年儿童健康成长，事关国家发展，事关民族未来”，要求全党全社会都要关心支持深化教育教学改革、全面提高义务教育质量工作。全面提高教育质量，必须坚持“两全”方针，面向全体学生，使学生德、智、体、美、劳全面发展。这就要求我们广大教育工作者，尤其是学校管理人员要因地制宜、千方百计提升每一所学校的办学品质，全面落实立德树人的根本任务。

办学品质是一个综合的概念，是质量、内涵、文化、特色、信誉的集合体。实现品质办学是学校的一项重要工程。走向品质办学是以优良的办学品质为导向，不断探寻符合学校特点的高品质的办学行为，是一个不断追求卓越办学的过程。办好学校涉及先进教育理念指导下的办学条件的优化、特色文化的创建、教师队伍的建设、教育教学及管理的革新等诸多方面，走向品质办学也应该结合本校上述各个方面的实情，有针对地加以探索、改革、优化、创新。在这过程中，需要全校上下明晰学校的发展愿景，树立共同的价值观，确立重要的规章制度，制订好学校的发展规划，凝聚全校师生的力量切实加以实施。同时，还要针对学校不同发展阶段的特点，本着突出重点、突破难点、实现扬长避短的目的，找准切入点，以切实可行的思路和方式开展实践研究。当然，这种基于学校发展的行动研究应该是滚动推进、各个击破、由点到面，以最终实现全面提升办学品质。由此可见，要真正走向品质办学并非易事，更不可能是一蹴而就，需要我们既仰望星空又脚踏实地，既胸怀全局又从小事抓起，锲而不舍，直至走向卓越。

校长是学校改革发展的设计师和领军人，不懈追寻品质办学恰恰是校长应有的品性。在实现品质办学的过程中，校长要动员全校的力量，也要发挥家长和社会的作用，同时还要争取教育专家的指导，以及借鉴同行们的经验。而名校长工作室的建立则为校长自身专业发展和学校实现品质办学，提供了有力的支撑。

“中小学名校长领航工程名校长领航班程誉技名校长工作室”，是应教育部2015年对全国64位入选为首期名校长领航班成员的统一要求建立的。由于本工作室经费主要由浙江台州承担，所以学员也在台州市范围内遴选。此后，台州市委人才办和台州市教育局又授予了“台州市程誉技名校长工作室”的头衔。

我们的工作室共有11位学员，其中9位是正职校长，2位是副校长（一位兼书记）。他们都是经各县、市、区教育局择优推荐，由台州市教育局有关领导和工作室主持人一起遴选确定的，个人素质较好，可以说全是年轻校长中的佼佼者。工作室还聘有自己的专家，这些专家有常任兼职的，也有临时兼职的。常任兼职专家是工作室成立之初就聘请的，他们经常参加工作室的活动。临时兼职的专家是工作室根据每次活动的内容，有针对性地邀请专家到场指导。

三年多来，工作室在保留那些传统有效的校长研训方式的基础上，着重组织开展了教育名著研读、名校访学与互动交流、基于网络的研讨学习、立足学员校长所在校的现场集中研修和以校为本自主创新的品质办学实践研究等活动。其中的现场集中研修活动以工作室所有学员校长所在校为现场，有明确的研修主题，要求全体成员并邀请相应的专家参加。研修活动的内容主要有现场办学诊断、管理机制梳理、文化理念凝练、学校管理专题沙龙、教育名著研读分享，还有各校品质办学实践创新课题的论证、阶段性推进研讨以及成果提炼总结等。既强调了校长们的自主探索，又体现了专业引领和同伴互助。

根据“成事又成人”的工作思路，我们工作室在成立之初就明确了一项要求，即要求每一个工作室的学员校长在工作室研修的三年里，至少要较高质量地完成一项科研课题。希望通过这项课题的研究，既促进学校发展又提高校长自身。为此，对于这项课题研究我们有三个要求：一是要切合本校实际，研究的是真问题；二是主要采用实践研究方式，开展理论探索；三是要有利于促进本校品质办学，强调实效性。

在这三年多的时间里，11 位校长在办学实践过程中始终以高品质办学为己任，科学谋划，不断求索，砥砺前行，取得了预期的成果。校长们的课题不但大多数都立项为省、市级教育科研课题，如期完成了研究任务，还有一些成果在省级以上刊物发表并获省、市级成果奖。既促进了所在校的品质办学，也促进了校长自身素质的提升。在 11 位校长中，1 位入选长三角地区名校长联合培养人选，4 位入选浙派名校长培养人选，4 位被评为台州市名校长名师。11 位校长所在的学校在办学上都有了较大的起色，提升了办学品质，创出了办学特色，受到学校师生、上级领导和社会各界的肯定。也正因为此，其中的 7 位校长还被聘用到更重要的学校领导岗位。

本书汇编的就是他们基于本校实际，改进学校工作，积极探寻品质办学之路的一个小结。这些实践创新成果基于本校探寻自身变革和发展，借鉴同类研究，选择个性化的切入点，内容涵盖了学校文化构建与发展、学校课程建设与教学、教师校本培训与教学研究等方面。

学校文化是学校生活的全部，是学校核心价值观指导下的行为方式和物质形式的总和。学校文化是一所学校综合实力的重要反映，也是学校发展的核心竞争力之所在。11 位校长的探究，涉及学校文化构建与发展方面的共有 5 篇。其中王小军校长的《“和文化”理念下的校园文化建设探索》，紧扣校名中的“共和”二字，以及学校所在地蕴含的“和合文化”元素等，提出了本校的“和文化”教育理念。从理念、行为、制度及形象识别、环境文化等方面加以构建、丰盈。提出了创建“和美德育”，培育“和馨教师”，建设“和乐课程”，打造“和悦课堂”等观点和举措，同时在实践探索中不断完善。

黄申友校长的《构建小学“和雅”教育体系的探索》，基于地方文化和本校传统明确了“和雅”教育的内涵及指向，在落实好本校“好习惯”等课程的同时，提出并打造了以资源组“和”、学科融“和”、主体整“和”为内容的“三和”平台，以及以孔子学堂“文雅”课程、红领巾茶艺“艺雅”课程、小小戚家军“武雅”课程为内容的“三雅”课程。

陈选峰校长的《“尚斌”文化传承与弘扬的路径研究》，从发掘校史中的“尚斌”文化入手，明晰了“尚斌”文化的内涵与现实意义，通过立足校本的实践探索，在传承和弘扬学校“尚斌”文化的过程中，总结出了包含“发掘与梳理校史文化”“提炼文化核心价值观念”“探寻文化传承载体”“形成文化弘扬策略”等环节的学校文化传承与弘扬的一般路径。

干兴军校长的《基于“美丽教育”理念推进学校发展的实践思考》，全面分析了本校的办学历史和发展现状，提出了“因你而美丽”的学校核心理念，并以此为统领构架了以“美丽教师”“美丽校园”“美丽课程”“美丽评价”为主要内容的“美丽教育”体系，实施中坚持从暖心的“美丽日记”等细节入手，在校园里播撒“美丽”的种子。

应晓波校长的《基于“项斯文化”传统浸润下的学校发展探索》，重视乡贤项斯的文化发掘和整理，同时积极融入中华民族其他的优秀传统，提出并践行了创建诗意校园、构建灵动课程、培育美丽教师和儒雅学子的学校发展策略，学校在品质办学、特色发展之路上迈出了可喜的一步。

建设精品课程、实施有效教学是提高教育质量的关键，也是深化课程改革、培育高素质教师的重要途径。11 位校长的探究，涉及学校课程建设与教学方面的共有 3 篇。其中潘仙福校长的《农村小学“原道”课程群的建设与探索》，基于学校前身为原道书院的校史，反思当下学校教育的现状，确立“立本溯原，道法自然”的办学理念，构建了以“立德、本智、溯体、原美、好劳”为内容，体现五育并举方针的拓展性校本课程群，较好地实现了从“量的齐备”走向“质的提高”。

魏立强校长的《校园“梦想吉尼斯”建设的行动研究》，提出的“梦想吉尼斯”活动课程，是乡镇中心校在下属完小成功经验基础上的深化和推广。通过进一步的构架实践，建立了本校金字塔形的“梦想吉尼斯”活动成长模式，顺应儿童成长的天性，助力广大学生在挑战自我和享受成功中逐步实现“做更好的自己”。

李慧玲校长的《学习共同体教学模式下小组合作学习的研究》，是对新课改“自主、合作、探究”教学模式的再探究，是针对现实问题，借鉴国际先进经验，着力探究本土化、校本化实验的实践研究，主要在小组合作教学的前提条件、合作的规则以及教师导学的程序等方面开展了积极有效的探索。

校本培训与教学研究都以教师为主体，其目的在于促进教师的专业发展，从而在根本上促进教学质量的提高。11 位校长的探究，涉及学校教师校本培训与教学研究方面的共有 3 篇。其中吕剑虹校长的《农村教师心理成长工作坊的建设和探索》，针对农村小学教师的心理状况，结合本校实际，在原有学校心理辅导站的基础上，开展了教师心理成长工作坊的构建和运作的实践研究，探索出了主题鲜明、形式多样、喜闻乐见、自我修炼与团队互助相结合的模式，较好地体现了“快乐有法，快乐由己”理念的研修范式。

南小娟校长的《多校区学校教师在线教研的实践探索》，面对集团化办学、多学区管理所带来的教师教研效率不高的问题，展开了基于网络的在线教研实践探索。研究从软硬件诸方面入手，总结出了较为有效的教师在线课堂观察、集体备课、互动教研等实践模式，同时也提出了在线教研不能取代传统教研，要做到线上线下教研相结合的观点。

汤小勇校长的《基于众筹的区域教研实践与创新》，有一个比较难得之处就是将英文词汇 crowdfunding（大众筹资）的深层含义引入教研活动，从而创造了“众筹教研”的概念。针对联片教研效率不高的问题，围绕本区域众筹教研模式的架构和有效运行，就众筹教研的目标指向、基本流程以及五大要素等，展开了许多有意义而可行的实践研究。

直面学校管理中遇到的校园文化、课程建设与教师发展等方面的问题，工作室的 11 位校长花费了多年的时间，一步一个脚印地在实践中摸索探寻，一方面在品质办学的实践中留下了浓浓的一笔，同时也形成了今天大家看到的这本书。

这些探索肯定还存在着这样或那样的不足和问题，但如果其中的点滴能为广大中小学管理者同行在实现品质办学的过程中有所启示，那也算是我们工作室11位校长的幸事。如果您恰好阅读了本书，还请不吝赐教！

路漫漫其修远兮。为期三年多的名校长工作室研修即将结业，但校长们的求索永无止境，我们期待他们今后在进一步走向品质办学的道路上，会有更高水准的创新性实践成果展现在人们的面前。

在本工作室学员校长的研修和本书出版的过程中，我们得到了上级领导和众多专家的关怀与指导。浙江省教育厅师范处干部、教育厅团委书记岑超超先生，台州市教育局党委副书记、副局长童文兴先生等领导曾光临工作室活动现场指导；广东省中小学校长培训中心常务副主任、广东第二师范学院培训处主任龚孝华教授，广东第二师范学院教育学院院长熊焰教授，浙江外国语学院教育学院院长吴卫东教授，浙江外国语学院李更生教授，台州市教科规划办张国荣副主任等专家，曾光临现场做专题报告或研修指导；广东佛山南海外国语学校的黄新古校长、广州番禺区市桥小学的柯中明校长、黑龙江牡丹江立新小学的隋桂凤校长、福建三明学院附小的林启福校长、云南昆明滇池实验学校的杨立雄校长等全国中小学领航名校长，以及长三角地区名校长、绍兴北海小学集团的方明江校长等，曾为工作室成员提供现场考察交流和其他各种形式的现场指导；被聘为常任兼职专家的台州学院原教师教育学院院长王少非教授和台州学院原发展规划处处长陈建吉副教授，经常参加工作室的研修活动并给予了全方位的指导。特别是陈建吉副教授和台州学院的赵建芳博士为书稿的修改、润色等工作花费了大量的心血。对于上述各位领导和专家的热情关怀和悉心指导，我谨代表编委会成员表示最诚挚的谢意！同时也感谢各学员校长所在校参与本校品质办学实践探索并为此付出辛勤劳动的学校干部和教职工朋友们！

程誉技

2020年3月

学校文化与发展篇

“和文化” 理念下的校园文化建设探索

王小军①

路桥区共和小学位于路桥西北角，坐落于狮子山下、飞龙湖畔，东北与椒江西山接壤，西北隔山是黄岩江口唐家岙，处于现在台州绿心生态区的中心、内环路以内。学校创办于 1918 年，是当时的国民学校，原名共和文昌阁。新中国成立后改名共和小学，成为乡中心小学，后来成为桐屿街道中心小学下属的完全小学（13 个教学班）。2017 年 8 月学校升格为路桥区教育局直属学校，命名为路桥小学教育集团共和校区，规划为 36 个班。学校于 2017 年被评为浙江省标准化学校。

一、学校“和文化”的缘起

（一）学校文化

1. 缘起共和文化

每个学校都有各自的文化，共和小学原有属于它本身的文化归属，建校

①王小军，男，1978 年 9 月出生，本科学历，中小学高级教师，现任浙江省台州市路桥区共和小学校长、书记。曾获浙江省优秀少先队辅导员称号，是第八期浙派名校长培养人选。在省级以上刊物发表论文十多篇，受邀在省级各类培训中做主题报告近十次。

百年源远流长。共和在本意上是通过制度组织起来的公共事务领域，共和强调了公共性、公平性与中立性，也就是要为所有人的利益服务（公益），而不能只为少数当权者的利益服务。共和一般有两个层面的意思：一是不同的个人与团体的各安其分、和谐共处；二是不同的个人与团体在各项规章制度的基础上各安其分的过程和状态。基于原有的共和文化，学校认为共即和，和如乐，提出基于“和文化”构建和谐校园的设想。

2. 缘起和合文化

狮子山下、飞龙湖畔的共和小学北靠寒山路，南临拾得路，学校依和合公园而建，寒山与拾得为“和合二圣”，这里与和合文化很有渊源。台州是“和合圣地”，深厚的历史人文积淀，造就了独具个性的气质。台州历史源远流长，以其深邃的文化内涵，孕育出博大精深的“和合文化”，是中华优秀传统文化的精髓之一。这里所指的和合文化是指汉族的和合文化，是由中国人民大学教授张立文提出的名词。“和”是中国哲学中一个很重要的概念，用现在的话就是“和谐”的意思。“和”本身已经包含了“合”的意思，就是由相和的事物融合而产生的新事物。张教授要突出这一点，就在“和”后面加了“合”。他整理国故，在中国传统文化中将这一精神加以阐述，其弟子响应，成一时风气，而有和合之学焉。其和合学，是对中国哲学尤其是儒家“和”精神的总结。故学校提出基于“和文化”理念的校园文化建设的实践。

（二）学校现状

改革开放以来，中国的生产方式和社会结构已发生深刻、全面和实质性的变化，这种变化必然引发思想、意识文化和行为方式等方面的改革。反映在教育方面，就是基础教育课程改革。课程之所以要改革，归根结底是为了适应社会发展的需要。作为实施课程改革的最基本单位，学校如何发展将直接决定着改革能否继续深入。学校发展是一个永恒的话题，但学校的发展也会滞后于社会的发展，会滞后于人民群众对优质教育的需求。共和小学作为刚刚升格的未来城市中心学校，这样一种滞后状况显得尤为突出，具体表现如下。

1．学校文化建设相对滞后

校园物质文化是校园文化的载体，精神文化是校园文化的核心内涵。校园物质文化建设的目的是为校园文化建设提供基础并使它成为承担精神文化的载体，建设物质文化不是目的，而是手段。学校升格作为城市化进程的产物，一夜间从农村学校跃升为城区学校。这一华丽转身的背后必然存在这样那样的缺失，相对于教育设施来说，更加滞后的是学校文化的建设。目前学校文化整体建设比较滞后，主要表现在对校园文化内涵的认识不够全面，制度建设比较薄弱，对校园文化作用的理解不够深入，对校园文化建设机制的把握不够科学，认为开展校园文化活动会影响正常的教学秩序，是浪费时间，浪费精力；甚至认为把有限的资金用在美化校园环境、建设文化活动设施、开展校园文化活动，是搞形式主义的奢侈行为。多注重物质的建设，而对处于学校文化建设核心地位的精神文化没有足够的重视，校园文化活动的开展也忽略其实效性，这些都导致了校园精神的缺失。

2．学校管理精细化不足

在现实的共同背景下，学校间的竞争往往体现在细节之争。细节出质量，细节出个性，细节出特色，学校有了质量、个性和特色就有了发展的基础，因此学校管理要见微知著，着眼过程，关注细节。纵观国内外的优秀学校，都在细节的管理上下过很大功夫。学校靠口号和粗放管理就能打造出品牌、就能培养出优秀教师和优秀学生的想法是极其幼稚的。目前由于受原有的思维习惯、行为方式的影响，学校内部存在着许多不规范的制度和不规范的领域。学校管理更多的是粗放型管理，存在很大的人为因素，导致教育资源闲置浪费，课程改革裹足不前，教学质量每况愈下，人浮于事，相互推诿……

3．教师素质相对薄弱

高素质的教师队伍是学校发展的保证，也是教育发展的根本保证。由于受地域因素的限制和教师分配制度的制约，学校（原来就是完小）的教师素质相对薄弱，最主要的弱势是缺失学科带头人。但分析现状，学校认为尽管与城区学校相比教师素质相对薄弱，但也存在一些优势，只要能够因势利导，重视培养，也很有发展的潜力。例如中青年教师整体素质是不错的，但由于学校缺乏有效的激励机制，造成专业发展动力不足，速度不快，集中表现在职业倦怠现象比较严重。近几年由于城区学校教师数量的相对饱和，新分配的教师与城区学校几乎不存在差异。前者学校需要从树立榜样、鼓励措施跟进等激励机制方面进行引导，后者需要从如何进行有效培训方面做些文章。

4. 课程执行和课程建设不力

课程领导力是现代学校管理成熟的一个重要标志。对于由农村学校转型而来的学校来说，由于受多种因素的影响和干扰，某种意义上讲并没有很好地执行国家课程要求，说得通俗一点，还没有开齐开足课程，更不用说是上好每一门科目、上好每一节课。在这样一种现状下，对于地方课程的开设和执行肯定是不到位的，也就更谈不上校本课程的建设与开发。这是学校转型客观存在的又一问题，也是制约学校发展的又一根本原因。

诚然，现行的教育体制，包括绩效工资、招生制度改革等大背景，为升格学校的跨越式发展创造了条件，提供了保障。同时，以互联网为代表的信息产业的发展，知识更新周期的缩短，信息传播的实时性，加快了信息传播的速度，打破了信息的垄断，也使得相对滞后的农村学校、升格学校的跨越式发展成为可能。作为升格学校，要抓住这一机遇，通过严谨科学的论证，明确各自学校的发展方向，使快速、优质发展成为可能和必然。有位教育专家曾经说过："三流的学校是校长治校，二流的学校是制度治校，一流的学校是文化治校。"共和小学的"和文化"烙有校史的印迹，也是学校走向新时代的内在需求。

学校将奉行"和美教育，幸福人生"的办学宗旨，走创建"和谐校园、和美德育、和馨教师、和乐课程、和悦课堂"的可持续发展之路，以"道法自然，和谐共生"为理念，以路小集团化办学为抓手，立足校本，全面深化教育改革，着力打造适合师生身心发展的和谐校园，创建"学生课业负担轻，全面素质发展好"的教育质量品牌。

二、建设"无处不和、处处皆合"的"和谐校园"

学校作为传播智慧的育人圣地，应有其本质的文化内涵。学校文化是一所学校凝聚力与活力的源泉，她对于学校的意义，犹如灵魂之于生命、思想之于人类。而富有个性的学校文化，能为师生创造一个有形的心灵磁场，形成学校发展的共同愿景，又能在无形中统摄全体成员的灵魂，具有"润物细无声"的教育魅力。在实践过程中，学校经过反复的讨论、征求意见、修改等环节，在长达一年多的时间内，初步完成了学校文化的提炼，并在学校管理中逐步予以凸显，使得其更具有文化特征。

（一）理念文化的挖掘与提炼

在实践中，我们挖掘学校的传统文化，逐步提炼、践行学校的理念文化。

核心理念：为学生幸福人生奠基

学校愿景：幸福花开共小

学校精神：道法自然　和谐共生

校　　训：从小事做起　把小事做好

校　　风：和而不同　美美与共

（二）行为文化的设计与实践

理念指导行为，行为实践理念。以学校理念文化为基本出发点，规范学校所有成员的各种行为，使之贯穿于学校各项教育教学活动之中。通过一系列活动，使全体师生认同、接纳、实践学校理念，形成共识，增强学校的凝聚力。同时，使学校理念由内向外传递，有助于提高学校的声誉，获得家长、社会对学校的认可，提高学校办学美誉度，提升学校整体形象。

校本仪式，包括升旗仪式、迈好人生第一步新生夏令营活动、迎新生开学典礼、毕业典礼、校庆仪式、新教师上岗仪式等。

人力资源开发策略，包括校内授衔策略、薪酬激励策略、项目管理策略、优势发展策略等。

教师手册，主要内容包括引言——教工手册编制目的、使用范围、解释权。学校文化战略纲要基本要素——学校理念、学校组织框架图、学校标志及释义、学校标准字体及组合、学校平面效果图、校歌等。入职指引——试用与转正、部门指引、职责认定等。培训制度——学校各项培训制度细则、考核管理办法。薪酬制度——薪酬结构、发薪方式、岗位津贴等。福利制度——法定假、病事假、婚丧假、医疗费报销、社会保险、旅游等。教工行为规范——教师行为指南、教工仪容格言、日常行为规范、安全守则等。

学生手册，主要内容包括引言、校长寄语、学校简介、学校宣言、学生誓词、学校文化战略纲要基本要素（入学指引、礼仪常规、仪行格言、学习习惯、生活常识）、中小学学生守则、小学生日常行为规范、安全制度等。

专题活动策划，旨在将学校倡导的“和”文化、幸福教育贯穿其中，让师生在博大精深的传统文化中感受文化的魅力、体验幸福成长的快乐。

习俗活动，旨在让学生在各种活动中接受教育，彰显生命光彩，全面提高、完善自我。每年九月，开展学校文化宣传月活动；每年定期开展学子风采展示会，展示自我潜能，健康自信成长；“榜样在线”活动，选取优秀学生，宣传他们的优秀事迹，为全校学生树立学习的榜样。

（三）制度文化的建设与规范

国有国法，校有校规。一个集体或单位的文明素养有赖于制度和规章的建设。对于一个学校来说，健全、充实、有活力的制度是学校的治校之本。离开制度的建设，学校的管理会变成“无源之水、无本之木”。对于刚刚升格的学校来说，这又是最薄弱的，所以应该加强制度建设并使之成为学校的一种文化符号，成为全体教职工共同认可的行为准则和价值取向，从而形成具有学校特色的制度文化。在制度建设的实践中，学校把促进学校现阶段发展和长远发展结合起来考虑，制订了包括各项工作流程、教职工行为规范、学生行为规范等在内的聘任制度、岗位职责、会议制度、考核制度、考勤制度、职称评审制度、校务公开制度、财务制度、物资采购与保管制度、培训制度、评价制度、分配制度、奖惩制度、福利制度等。

（四）形象识别系统的开发与建设

实践中，逐步开发和完善了学校的各项形象识别符号，形成学校独特的符号系统，包括学校标志、各种图形、规范用字、校园标识等内容，并且对各项内容都做了明确的规范。

（五）学校环境文化的设计与建设

根据学校的理念文化和学校的实际情况，学校着手设计、建设学校的环境文化，主要包括楼宇文化、走廊文化、科室文化等。这些方面，根据学校整体建设要求留待以后完成。

和谐校园里的幸福教育，使全体教师形成共同的价值观：幸福不是为了拼命爬到山顶，也不是在山下乱转，而是尽情享受向山顶攀登的美好过程。让梦想凝聚幸福力量、微笑展现幸福姿态、智慧创造幸福奇迹。

三、创建“和合校园、美好人生”的“和美德育”

“以优美的环境陶冶人，以规范的管理培育人，以多彩的活动教育人”是学校实施“和美德育”的三大途径。“和美德育”旨在培养热爱祖国、人格健全、基础扎实、学有专长的“和美少年”，为培养学生品德素养、身心素养、审美素养、生活素养等提供更广阔的空间。

（一）提出理念：从小事做起，把小事做好

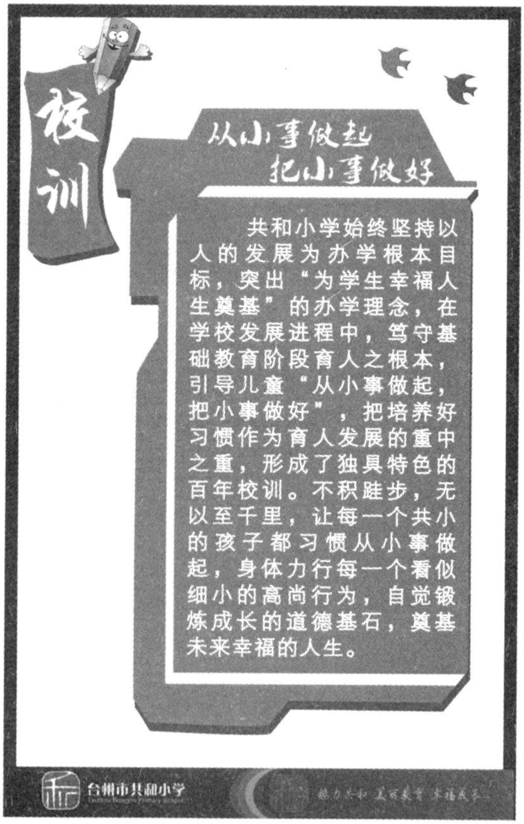

对于刚刚升格的学校来说，粗放型的管理模式往往是一种主流，从学校领导到教师层面都存在这种想法，此类问题成为制约同类学校发展的瓶颈。经过一年多的实践，学校积极探索符合自身实际的“和美德育”管理之路，在全体教职工中初步树立起了“从小事做起，把小事做好”的工作观念和品牌意识，并把它写进共和小学的章程。通过管理责任具体化、明确化的分解，做到人人都管理，处处有管理，事事见管理。努力将这种理念内化为学校自己的行动准则，为推进学校

在新的历史时期的跨越式发展，奠定了坚实的基础，达到了理想的效果。

共和小学始终坚持以人的发展为办学根本目标，突出“为学生幸福人生奠基”的办学理念，在学校发展进程中，笃守基础教育阶段育人之根本，引导儿童“从小事做起，把小事做好”，把培养好习惯作为育人发展的重中之重，形成了独具特色的百年校训。不积跬步，无以至千里，让每一个共小的孩子都习惯从小事做起，身体力行每一个看似细小的高尚行为，自觉锻炼成长的道德基石，奠基未来幸福的人生。

（二）建立理念：从小事做起，把小事做好

“和美德育”探索基础教育阶段影响孩子成长的重要习惯，形成推进好习惯分层序列化培养目标，构建独具共小特质的“幸福学生的样子”，创造性开发“幸福七色花”情境体验式德育课程，践行校训“从小事做起，把小事做好”的理念，搭建家校共育的彩虹桥，引导儿童在经典、特色、个性的情境体验活动教育中，感受幸福、丰富幸福、体验幸福、创造幸福、传递幸福，绽放生命成长的光彩。

如何让学校提出的理念“从小事做起，把小事做好”成为全体教师的共识，是学校在实践探索中着重考虑的一个问题。针对

前文分析的问题，学校通过各种学习、研讨活动，引导教师把理念转变为自己的认识。结合师德学习等活动，学校向全体教师推荐阅读《你在为谁工作》《细节决定成败》等书籍，通过阅读、撰写体会等途径，使全体教师不断形成并建立“从小事做起，把小事做好”的理念。学校还精选了一些标语，如“个人素质提高一小步，学校品位提升一大步”“把每一件简单的事情做好就是不简单，把每一件平凡的事情做好就是不平凡”等，装裱好张贴在办公室等公共场所。

当然，观念的转变不是一蹴而就的，需要时间和反复磨合，要允许教师有一个逐步认识和转化的过程。于是，在实践中，学校通过微信公众号，每周以“校长寄语”的方式给全校教师发送一条有关学校发展理念方面的微信，同时在学校的电子屏幕上滚动播出。内容如“小事成就大事，细节成就完美”“一个不经意的细节，往往能够反映出一个人深层次的修养”“你改变不了环境，但你可以改变自己；你改变不了事实，但你可以改变态度；你改变不了过去，但你可以改变现在；你不能控制他人，但你可以掌握自己”等。经过一年多的实践，教师们的观念也得到极大的更新，许多观念已被大家接受和消化，在最初的学习和研讨中，教师们习惯说的一句话就是“校长说如何如何”，当“从小事做起，把小事做好”形成教师的共识以后，教师不论在怎样的场合发言，都是“我认为怎样怎样”。可以说，学校整体面貌的改变带来了全体教师精神面貌的焕发，老师们精神面貌的改善，又提升了学校的办学品位。

（三）践行理念：从小事做起，把小事做好

道德即生活，生活即教育。在推进立德树人的进程中，学校围绕“为学生幸福人生奠基”的办学理念，推出 10 个门类 100 个幸福好习惯，先由各年级段甄选出符合本年段学生实际而又便于养成的若干个好习惯，再由各班级根据实际情况创设特定的体验情境，引导学生在好习惯养成的情境体验中提

高认识，丰富情感，真正实现让好习惯伴随学生幸福成长，从而形成学校德育特色。

围绕“幸福”核心元素，学校整体架构各年级幸福文化建设主题，一至六年级分别为“习惯、健康、经典、才艺、自信、梦想”。螺旋阶梯式上升文化建设主题，相对应开展代表不同含义的“七色花”活动，并结集出版《和美德育，花开共小》校本教材，力争使学生在丰富多彩的活动中幸福成长，绽放生命的精彩！

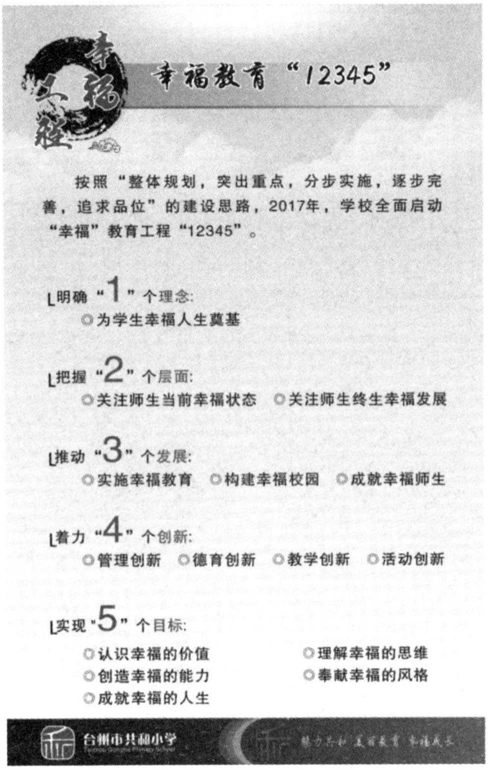

一年级红色入队教育活动（红色代表激情、真诚）——学会传承；

二年级绿色生命教育活动（绿色代表生命、希望）——学会珍惜；

三年级青色书香教育活动（青色代表青春、时光）——学会学习；

四年级橙色感恩教育活动（橙色代表阳光、温暖）——学会感恩；

五年级金色自信教育活动（金色代表收获、成长）——学会自信；

六年级蓝色梦想教育活动（蓝色代表梦想、未来）——学会追梦；

毕业生紫色毕业庆典活动（紫色代表智慧、探索）——学会创新。

四、培育"和谐合作、德馨才高"的"和馨教师"

师者，所以传道授业解惑也。自古以来，教师就是教育之本。荀子说："国将兴，必贵师而重傅；贵师而重傅，则法度存。国将衰，必贱师而轻傅；贱师而轻傅，则人有快；人有快，则法度坏。"《礼记》里说"记问之学，不足以为人师”“师也者，教之以事而喻诸德也”。

当前，我国正处在社会转型时期，各种价值观念充斥于社会之中，这对教师的思想观念产生了一定的影响，但教师是教育的基石这一理念没有改变。“教师是立教之本、兴教之源。”学校要坚定理想信念，传递正能量，让教师团队在追求卓越的同时，获得内心的幸福感，努力创建“有理想信念、有道德情操、有扎实学识、有仁爱之心”的教师团队。

（一）以人为本　锻造名师

“和谐合作、德馨才高”传承共和小学优秀师资队伍建设发展模式，通过“师魂工程、青年教师1358工程、继续教育工程、校本研修工程、人文关怀工程”五个项目的推动，进一步凝练“师德高尚、专业精湛、团结协作、追求卓越”的共小精神，以“五度”目标内生力展现“有教育理想，工作上有热度；有卓越意识，专业发展有高度；有品质需求，生活状态有宽度；能实现成功，生命色彩有亮度；有仁爱之智，服务学生有温度”的和馨教师团队风采。

（二）凝心聚力　合作共赢

“一个人走得快，一群人走得远。”学校在教师团队建设中，在对教师的教育培养中，在学校文化建设的探索、实践和坚持中秉承这样的发展信条。学校是一个团队，每个成员之间必须要紧密团结、积极合作。在工作中遇到困难时，只要大家心往一处想，劲往一处使，都能攻无不克，战无不胜。一个团队行动的速度有多快，并不是取决于走得最快的那个人，而是要步调一致，共同前进。就是说，团队与群体是不一样的，群体可以因为某个事项而聚集到一起，可团队不仅有着共同的目标，而且渗透着一种团队精神，包括团队的凝聚力。所谓凝聚力，也就是团队对其成员之间的相互吸引力。在一个团队中，只有每个成员在工作中最大限度地发挥自己的潜能，并在共同目标的基础上协调一致，才能更有效地发挥团队的整体作战能力，最终就可以成为一个优秀的团队。

以人为本
锻造名师
一个人走得快
一群人走得远
台州市共和小学
Taizhou Gonghe Primary School
魅力共和 美丽教育 幸福成长

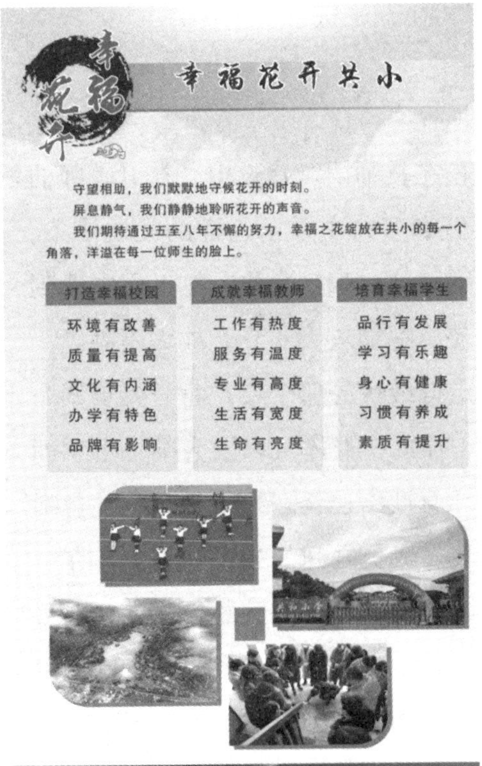
幸福花开
幸福花开共小
守望相助，我们默默地守候花开的时刻。
屏息静气，我们静静地聆听花开的声音。
我们期待通过五至八年不懈的努力，幸福之花绽放在共小的每一个角落，洋溢在每一位师生的脸上。
打造幸福校园
环境有改善
质量有提高
文化有内涵
办学有特色
品牌有影响
成就幸福教师
工作有热度
服务有温度
专业有高度
生活有宽度
生命有亮度
培育幸福学生
品行有发展
学习有乐趣
身心有健康
习惯有养成
素质有提升
台州市共和小学
Taizhou Gonghe Primary School
魅力共和 美丽教育 幸福成长

管理创新
实施幸福文化引领工程
为塔式发展学校联盟盟校
实施幸福文化引领工程架构图
理念文化
(理念为核心)
办学理念
办学目标等
环境文化
(环境为基础)
学校标识
廊道文化等
制度文化
(制度为保障)
以人为本
育人为先
行为文化
(规范为导向)
日常行为
文化活动
课程文化
(课程为重点)
生命教育
品行教育等
……
台州市共和小学
Taizhou Gonghe Primary School
魅力共和 美丽教育 幸福成长

（三）“五度”和馨教师团队建设探索

1. 工作有热度

工作有热度主要针对职业认同来说。认同是人们精神稳固的源泉之一。教师的职业认同决定了教师工作行为的基本态度，也深深地影响着教师对自我、对职业的感受。教师只有建立了内在的职业认同，才会有发自内心的精神满足，才会感受到职业带来的幸福与生命价值，得到真正的专业发展。

“工作有热度”的教师团队建设是学校实现内涵发展的关键，而教师专业成长的基础是唤醒教师自我发展的内驱力。如果没有教师自我发展、专业发展的清醒与自觉，教师就会感到工作是一种负担。共小“外吸促内驱”的做法是，让每个教师都感觉到自己很重要。当教师感觉到自己很重要时，责任感、使命感才会驱动其由自发工作进入到自觉前进的状态，共同愿景既是学校意志与教师意愿的融合过程，也是教师团队精神的培育过程。教师在讨论、争论的过程中，会对学校目标产生认同感，增强向心力和主人翁意识。所以，学校在制订年度规划和长远规划时，总是先咨询教师，再开会研讨。教师有了认同感才有归属感，有了归属感才会为实现学校的既定目标努力。

2. 专业有高度

专业有高度是系统工程，主要是教师发展内驱的调动问题，学校主要从以下几方面来做。

制度守护：建规范型和馨教研团队。学校在实践中先诊断现状，进行梯队建设，目前学校一是高学历教师年轻化。二是老教师的传统教学能力强，但现代教学理论相对缺乏。年轻教师知识新，但实际教学的组织与调控能力较弱。三是已取得高级职称的教师对个人发展前景感到迷茫，而年轻教师存在提升教育教学实际能力的焦虑。基于这些情况，学校把全校教师分别编成四个梯队，梯队老师也会根据能力提升、教师亲和力等方面不断调整。学校规范流程（制度）管理，建立三级（校长、主任、教师）校本教研网，实行校本教研工作分级负责制。

创设氛围：建学习型和馨教研团队。专业成长是奠定教师职业幸福的基础。建设学习型教师团队，实现教师专业化成长，使教师有职业认同感、工作幸福感、责任使命感，是学校提升教育教学质量的不竭源泉。

名师引领：建研究型和馨教研团队。一是请进来，搭台铺路。为拓宽教师职业视野，丰富教师的培训内容，提升教师的专业能力，学校依托有计划的主题研修活动把台州市内的名师、特级教师请到学校里来传经送宝。例如学校邀请特级教师蒋依宝，名校长工作室领衔人程誉技、陈建吉等来共和小学指导工作。与此同时，学校常规性开展让路桥小学名师来学校讲学活动。二是走出去，历练洗礼。现在学校的培训经费充足，让老师出去培训已成常态化，学校还经常送老师到路桥小学开课，接受名师指点，共同成长。

3. 生活有宽度

生活是一个人的品质需求，当前一些学校都把促进教师的专业发展放在极其重要的地位上，关注的热点是作为“工作体”的教师，而相对忽视了教师的情感、个性、身体和心态。这种做法导致教师在工作中失去了幸福感，失去了梦想和创造力，失落、抱怨、职业倦怠由此而生。

学校通过多举措对教师进行人文关怀。工会积极开展提升团队合作能力的拓展游戏。团队游戏比语言更能表达深度的内涵，不用刻板的说教，需要通过实际行动去体会、去感悟。在活动中，每位教师都积极参与、互相鼓励、互相帮助。他们用实际行动诠释了教师应具备的主动、自信、责任、合作等素质。这些活动既愉悦了教师的心情，又增强了教师团队的凝聚力。沙龙活动从心理品质到养生保健，从情趣培养到情操陶冶，从学习体会到实践操作，既为教师提供了丰富的学习机会，留给了教师培养情趣、发展自我的空间，提升了教师职业生活的品位，又促进了教师之间的相互沟通、相互交流和相互影响，和谐了人际关系，最大限度地发挥了教师的能动性，提高了教师团队的凝聚力，加深了教师对学校工作的认同感，促进了教师团队与个体在意识理念上的提升。

4. 服务有温度

学校服务的落脚点在学生，好教师是有“温度”的人，他能够给学生带来灵魂的温暖。做个受学生喜欢的教师，这是每位教师一直共同追求的目标。可是学生喜爱怎样的教师呢？学校做过一项在全校范围内的调查，有五成以上的学生害怕和教师主动交往。这项调查说明师生关系存在不和谐的情况，并已成为影响学生学习效果的重要原因，值得教育工作者深思。亲其师，信其道，良好的师生关系能使学生带着良好的情绪去面对学习。在学生面前，如何树立自己的形象，怎样做一名学生喜欢的教师，这并非一件易事。学校以“学生喜欢怎样的教师”为题对全校学生进行问卷调查，归纳出受学生喜欢的教师的特征，有两个关键要素：一是有“专业素养”，比如有教育智慧，有真才实学，善于管理，严而有度，以身作则，说到做到等；二是有“积极心态”，比如风趣幽默，像妈妈那般温柔，有爱心、有耐心、有宽容心，有平等意识和新鲜知识，有良好的精神气质。

学生喜欢的教师标准在不同学龄阶段有差异。小学低年级学生比较偏重感性，对教师的外表、性格和态度比较在意。他们喜欢年轻漂亮、和蔼可亲、有爱心的教师。高年级学生相对来讲偏重理性，更在意教师的知识层次和教育教学水平以及人格魅力。他们喜欢既重视知识传授又重视能力培养，具有创新能力的教师。学校调动各学科教师发挥学科实践特性，成就教师培育幸福学生的追求。创建服务学生有温度的和馨教师团队，让共小教师走向了更高层次的觉醒与发展。

5. 生命有亮度

对于教师来说，生命色彩是五彩缤纷而非单色的。他们那么努力，那么敬业，那么团结，学校该采取怎样的思路和举措找到教师尊严和价值及职业成就感，提升教师的生命色彩呢？

(1) 感恩学生，感受生命亮度

每一个学生的心中，都沉睡着一个学习的巨人；每一个教师的心中，都有一颗大爱的种子。学校的工作就是唤醒，唤醒沉睡在学生心中学习的巨人，唤醒教师自己心中那颗大爱的种子。作为教师，学校一直坚守这样一个信念：孩童时的体验犹如种子深埋在生命里，总有一天会萌芽，会开花，会结果。教师经常告诉学生要学会感恩。因为感恩才会有这个多彩的社会，因为感恩才会有人间真情长存，因为感恩才让我们懂得了生命的真谛。作为教师，我们要感恩学生。正因为有了学生的存在，才有了教师施展才华的舞台。感恩学生，学校才会生机盎然。

（2）搭好梯子，感悟专业成就

团队让每个人更优秀，和馨的教师团队，能让平凡的教师做出不平凡的业绩。为了促进教师快速成长，学校给优秀教师“出点子、压担子、搭台子、铺路子、做影子”。“出点子”即指导制订教师职业生涯规划；“压担子”即委以重任；“搭台子”即创设展示才能的平台；“铺路子”即打破常规，让优秀教师脱颖而出；“做影子”即树立榜样及标杆。学校通过“五子”工程，不断推出“共小榜样”，引导共小教师团队不断进取，锻造了一支优质的师资队伍。

五、架构“和趣共享、各得其乐”的“和乐”课程

在“和文化”理念下，什么样的学校课程既关注他们当下的幸福成长，又为他们将来的发展蓄力，为他们的幸福人生奠基？如何通过对国家课程、地方课程及校本课程这三级课程的有效整合、补充，使之形成一套拥有科学的课程结构、合理的课程设置、适当的课程内容的课程体系？学校从办学传统、办学特色以及学生与家长的实际需求等情况出发，将学校的育人目标、办学理念、学校文化等，融入学校课程建设，提出了“和趣共享、各得其乐”的“和乐”课程体系，使国家课程、地方课程及校本课程形成课程的有机整体，在共同的培养目标下，承担不同的任务，履行不同的责任，来满足

每一位学生的需求，促进学生的发展。

（一）确立“和趣共享、各得其乐”的“和乐”课程目标

为了丰富和拓展国家课程目标，彰显学校办学的个性理念，为学生的幸福人生奠基，学校确定了“和乐”课程体系的培养目标。

1．总目标

培养学生“六个学会”：学会做人、学会学习、学会健体、学会劳动、学会审美、学会创造，为幸福成长奠基。

2．具体目标

爱祖国、爱人民，具有良好的品行习惯。初步养成关心他人、关心集体、认真负责、诚实勤俭、勇敢正直、活泼向上等良好品德和个性品质。

具有良好的学习习惯。扎实掌握学科基础知识，形成良好的知识技能；具备学会学习、主动学习的品质；具有阅读、书写、表达、计算、信息运用等基本知识和基本技能。

拥有健康的身体和健全的心理。热爱生活，乐于与人交往，与他人有良好的沟通能力，有健康的审美情趣。

具有较广泛的兴趣。尤其在艺术、体育、科技等方面具有较浓厚的学习兴趣，掌握一定的技能，能具备至少两项艺术或运动方面的特长。

（二）确立“和趣共享、各得其乐”的“和乐”课程体系

国家课程、地方课程和校本课程不可分离，它们共同构成了学校课程的有机整体。它们拥有共同的培养目标，承担不同的任务，履行不同的责任，从不同的方面促进学生的发展。

学科基础课程为学生必修型课程，根据《义务教育课程实施计划》设有品德与生活（品德与社会）、语文、数学、英语、科学、信息技术、体育、美术、音乐、书法等，约占课时总量的五分之四。除学科基础课程以外，学校将地方课程和校本课程按其功能特色创造性地分为人文类、艺体类、学科拓展类、社团活动类，以满足每位学生的需求。地方课程和校本课程约占课时总量的五分之一。

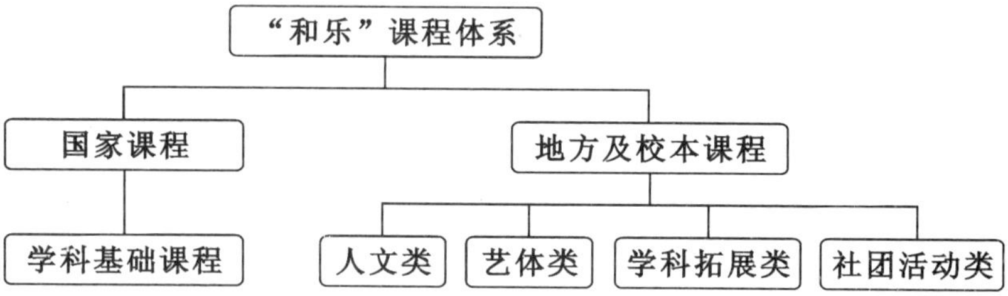

“和乐”课程架构图

人文类课程包括习德课程和微课程；艺体类课程包括创意美术、乐享音乐、武术、篮球、田径、羽毛球、网球、象棋、围棋等；学科拓展类课程包括经典阅读、硬笔书法、童谣赏析、英文歌曲、古诗词、儿童哲学等；社团活动类课程包括组织合唱团、舞蹈队、足球队、管乐队、文学社、书法社、花样跳绳等。

校本课程是学科课程的补充、延伸，学校合理设置了课程表，实施大小课堂及综合课堂，避免了日常教学课程与校本课程安排上的冲突。学生可以根据自己的爱好选择校本课程来学习，极大地丰富了学生的知识结构。

至此，学校形成了综合性的三级课程体系。学校不仅要开好开全国家课

程，更是能动地打通了国家课程中必修、选修模块，将其注入新鲜的校本课程血液。由此构成必修课程为本，选修课程为干，校本课程张目，地方课程辅助的多层级课程体系。

六、合成“和而不同、愉悦共长”的和悦课堂

“和而不同、愉悦共长”就是基于儿童立场，追寻“生本、生态、生活、生长”的“四生”课堂理念，探索激发学生持续成长的课堂智力因素与非智力因素，建构“关注学、关注研、关注评、关注展”这样一种不断发展、不断成长的学习理念，引导学生逐步形成“先学（先自主学）→合学（合作研学）→展学（展示赏学）→评学（评价促学）→拓学（拓展延学）”的“和悦课堂”教学流程，感受课堂学习的意义，体验探究学习的乐趣，最终实现人的可持续性发展。

（一）打造“四生”理念的和悦课堂

为探索“和文化”体系下学校的基础型课程如何推进，学校着重进行“四生”和悦课堂的探索实践。“四生”即生本（以生为本、尊重差异），生活（联系生活、提高效益），生长（享受学习、发展能力），生态（师生和谐、可持续发展）。学校探索用“和而不同、愉悦共长”的和悦课堂搭建师生成长之桥。课堂是教学的主要场所，打造“四生”和悦课堂旨在构建幸福成长的主要阵地。和悦课堂的构建，有利于提高课堂教学效率，促进学生全面发展，让课堂焕发生命和活力！

学校通过课题实践积极探索各学科构建“四生”和悦课堂的教学策略，一是要强化团队意识，建构以和悦教研促和悦课堂运作的机制；二是要以学为中心设计教学，建构和悦课堂的思维模型；三是要推广“和而不同、愉悦共长”的理念，彰显和悦课堂评价体系的实践成果。

（二）探索“五学”模式的和悦课堂

学校的和悦课堂在实践操作层面上吸收了传统课堂的优点，同时体现新的教学理念。它承载了多项功能，一是两个中心：以学为中心、以学生为中心。二是多元性，不同学科或同一学科的不同课型教学模式可以不同。三是互动性，生生互动、师师互动、师生互动。

学校探索和悦课堂教学模式，形成和悦课堂交响曲，力图奏响学校和悦课堂的新乐章。例如，语文学科和悦课堂五部曲的教学流程就是激趣引入让学生“想学”，自主探究让学生“会学”，合作交流让学生“互学”，有效互动让学生“善学”，拓展延伸让学生“活学”。如音乐学科和悦课堂四部曲的教学流程：情境导入，让学生“想唱歌”；歌曲教学，让学生“能唱歌”；情绪处理，让学生“唱好歌”；拓展创编，让学生“会唱歌”。

“五学”和悦课堂的探索实践教学模式一览表

学科	“五学”和悦课堂的探索实践教学模式
语文	①激趣引入，让学生“想学” ②自主探究，让学生“会学” ③合作交流，让学生“互学” ④有效互动，让学生“善学” ⑤拓展延伸，让学生“活学”
数学	①生活情境导入，让学生“想学” ②生活经验借助，让学生“会学” ③交流操作体验，让学生“互学” ④生活实践回归，让学生“敢学” ⑤解决应用发展，让学生“乐学”

（续表）

学科	“五学”和悦课堂的探索实践教学模式
音乐	①情境导入，让学生“想唱歌” ②歌曲教学，让学生“能唱歌” ③情绪处理，让学生“唱好歌” ④拓展创编，让学生“会唱歌”
美术	①课前布置预习，让学生“想画” ②灵动愉悦交流，让学生“会画” ③制作赏析展示，让学生“赏画” ④拓展生态延伸，让学生“乐画”
体育	①情境导入，让学生“想动” ②技术引导，让学生“学动” ③合作互助，让学生“互动” ④拓展创新，让学生“爱动”

上述“四步”或“五步”教学模式不是固定不变的，也不是严格按照一至五的顺序进行的。各个学科根据自身特点，结合各学科知识点的容量与难易，合理选用其中的环节，对环节的完整性没有特别严格的要求。

（三）实施“四生五学”和悦课堂的评价标准和体系

课堂评价是课堂教学的风向标，对课堂教学的发展方向起着极其重要的规约作用。“四生”和悦课堂实施的评价标准遵循评价内容个性化、评价实施动态化、评价方式生动化、评价主体多元化的原则。

1. 评价内容个性化

虽然学校各学科结合学科特点制订了综合素质评价目标体系，但这只是针对全体学生的共性要求。由于不同年龄段的学生会有不同程度的发展要求，即使是同一年龄段的每个学生在相同领域的发展依然存在水平差异。因此，评价实施过程中既要注重对学生的统一要求，达到基础教育的培养目标，又要关注学生年龄段的差异和同一年龄段内不同学生的个体差异，为学生有个性、有特色的发展预留一定空间。

2. 评价实施动态化

学生综合素质评价体系涵盖了多项具体内容。如果把诸多评价内容的实施集中于某个固定模式，显然不太现实，既烦琐也不科学、不客观。因此，学校采取分解达标的方式进行评价。在具体实施时，学校注重把总结性评价与形成性评价结合起来，把阶段性达标认定与总结性考查认定结合起来。也就是说，综合素质评价不再只是期末时的一个环节，它贯穿于学生整个发展过程中。从学期开始的选定目标，到阶段小目标的确立与评价，到学期中的成长足迹展示，再到学期末的最终形成等级，定期给学生进行回顾与反思的空间，时刻激励学生自省、自律，避免学生只着眼阶段达标的短期效应，更立足于学生的长足发展，确保评价结果的一致性和准确性。

3. 评价方式生动化

学生是评价的主体，因此小学生综合素质评价还必须充分考虑学生的年龄特点和心理需求，应采取学生熟悉的、活泼的、喜闻乐见的形式，调动学生参与评价的积极性和主动性，增强评价的效果。还可以选择有趣的评价方式，让学生把自己的发展小目标写在上面，时刻提醒自己围绕目标努力前进。

4. 评价主体多元化

评价内容涵盖了学生学习成绩、习惯等多个方面，因此教师不再拥有唯一的评判权。学生本人、同伴、家长、教师等都成为整个评价的多元主体，让学生参与评价内容和评价标准的制订。评价是教师、学生和家长多面参与的交互活动，不同主体可以拥有各自的评价权，如学习习惯中的“自觉完成作业”“主动阅读课外书籍”就应由家长作为评价主体，而“乐于和同学探讨问题”“小组合作时善于沟通交流”等就要由小伙伴作为评价主体。

除以上评价原则外，学校的和悦课堂评价体系，特别强调以“不断进步就是优秀”，重新定义“优秀”的标准，进而体贴、尊重和激励每一个生命个体以最纯朴、最温柔、最善良的方式去对待每一个鲜活的生命，帮助学生不断地发现自己学习和生活中闪光的一面，使每一个学生在课堂上都能够感受到自己生命的存在，感觉到自己生命存在的不断优化。

学校设立“幸福花开共小”优秀学生展示墙，让某一方面表现优秀的学生照片展示在上面。使学生真正感受到基于“和文化”理念校园文化建设带来的幸福。“幸福教师的样子”（优秀教师的笑脸照）也由学校布置展现在学校门口附近的文化长廊上，使全体师生走进校园就像走进和谐幸福的家。

七、学校“和文化”建设初见成效

从 2017 学年的实践探索以来，共和小学坚持改进学校工作，增强师生校园学习、生活的幸福感，提升办学品质，推动了学校各项工作的开展，成效可喜。

在全区教学质量评估中，2017 学年第一次把我校列入中心校评比，在保持学业负担较轻的前提下，综合成绩跃居全区中等水平。有的学科还远超全区平均水平。升入初中学校的共和学子，积极向上、学有后劲的孩子比较普遍，深受中学老师的青睐。

该校基于“和文化”理念的校园文化建设的实践探索，推进幸福学校建设的经验，多次在省内外介绍交流经验。相关的文章还见诸于《浙江教育报》等媒体上。学校还成功加入浙江省塔式发展学校联盟。

魅力共和 幸福成长

学校发展：从共和走向未来

学校历史

学校荣誉

台州市共和小学 Taizhou Gonghe Primary School 魅力共和 美丽教育 幸福成长

魅力共和 幸福成长

课程理念：指向“幸福儿童”的和美教育

让儿童成为幸福的儿童

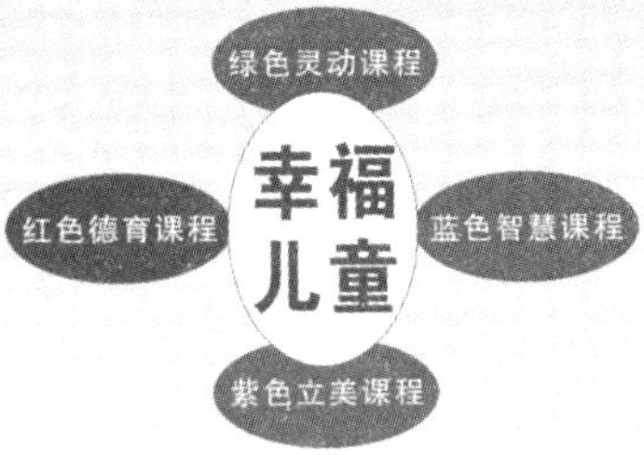

- 我们必须知道：每个孩子都是独特的，适合的才是最好的！
- 我们必须承认：优秀的孩子是家长培养出来的！
- 我们共同努力：成为最好的自己，成就幸福的人生！
- 我们希望：给我一个舞台，还你无限精彩！

基于分数，超越分数；基于儿童，发展儿童；基于个性，培养特长。

台州市共和小学 Taizhou Gonghe Primary School 魅力共和 美丽教育 幸福成长

我思 我成长

20部修身处世经典书籍

台州市共和小学 Taizhou Gonghe Primary School 魅力共和 美丽教育 幸福成长

我思 我成长

20部心理励志经典书籍

台州市共和小学 Taizhou Gonghe Primary School 魅力共和 美丽教育 幸福成长

八、学校“和文化”建设的进一步思考

没有哪一个学校的校园文化建设是完美无缺的，学校的种种实践探索，离完美还有很大距离。惠特曼的话给了学校更多的信心：“一个孩子，向最初的地方走去，那最初的，便成了孩子的一部分。”共和小学以“校园文化建设”为抓手，助推“和文化”学校的建设，较好地促进了师生幸福能力的发展，但仍需进一步改进。改进过程就是学校继续实践探索的过程，需要学校文化引领力的提升，不能停下向前行走的脚步。

学校深信，共和学子在学校倾力打造的“和文化”的滋养下，心中将埋下一颗幸福的种子，在活力四射、朝气蓬勃的学生时期，逐步形成一种明亮而美好的生活哲学和人生信仰。基于“和文化”理念的校园文化建设实践探索，是一个漫长而曲折的过程，任重而道远，共和小学将在踏实践行的基础上追踪研究，不断反思与总结，这也正是我们追寻“和文化”学校建设之意义所在。

参考文献：

［1］林启福.“福泽教育”引领学校变革［M］. 北京：北京师范大学出版社，2018.

［2］柯中明. 文化，改变学校［M］. 北京：北京师范大学出版社，2016.

［3］谈心，龚孝华. 现代学校管理创新：领航校长的研究性变革实践［M］. 北京：中国轻工业出版社，2017.

构建小学“和雅”教育体系的探索

黄申友①

依托临海优秀的地方文化资源，在“儿童为本，和谐发展”办学理念的引领下，结合临海师范附属小学办学现状，提出“构建小学‘和雅’教育体系”。和，指和谐、和善、和睦，和而不同、和而奋进；雅，指言语文雅，举止儒雅，气质高雅。和雅教育，旨在以行为养成教育为重点，潜移默化地培养学生文雅的言语，儒雅的举止，高雅的气质，引导发挥学生的主体作用，帮助学生学会生活，幸福地生活，艺术地生活，从而培养学生健全的人格、高尚的情趣和良好的行为规范。通过“和雅”教育体系的构建实践，探究校园文化的建设思路和实施路径，努力成为校园文化建设的操作范式，进而推广；让校园成为适合学生健康成长、充满活力的乐园，让校园文化促成学生成为和雅学子；提升校长和老师的教育理念和教育能力，促其专业成长。

一、问题的提出

（一）地方文化激发学校教育的活力

一方水土育一方人。优秀传统文化的传承在学校教育工作中的作用不容

①黄申友，男，西南大学在职研究生学历，中小学高级教师，时任临海师范附属小学书记、校长，本课题负责人，现任临海市临海小学校长、书记。系浙江省教坛新秀，浙派名校长培养人选。曾获浙江省优质课一等奖、台州市教学大比武一等奖。六年任职期间，致力于和雅教育体系的探索，本课题成员有冯玲辉、王晓萍、金娇、潘敏芬。

忽视，地方文化是弘扬传统文化的重要推力，它是培养造就人才的起点，是学校教育工作的中心环节。学校教育必须走出课堂，走向社会，依托优秀的地方文化资源，全方位、多角度地渗透。临海是国家历史文化名城，拥有着众多的文物古迹，素有“小邹鲁”和“文化之邦”的美誉，形成了名城、名人、名迹、名特的“四名”之城。充分利用深厚的地方文化，引导学生体验真实存在于身边的熟悉的资源，让他们感受、实践、领悟，形成自己的道德精神理念，可以使学校教育更具活力。

（二）办学理念引领教育特色的打造

学校文化是一所学校的核心竞争力，是学校持续健康发展的重要保障，是学校发展的动力。学校结合中华文化的理念精髓，挖掘临海的历史背景，提出了“儿童为本，和谐发展”的办学理念，致力构建“和雅”特色文化，培养“和雅少年”。和，和谐、和善、和睦，“和而不同”是根本，“和而奋进”是内涵。雅，指言语文雅，行为儒雅，气质高雅。在“和雅”文化的引领下，学校申报成为“孔子学堂教学点”“非物质文化传承基地”“茶文化促进会红领巾实践基地”。传承地方文化，凸显教育亮点，打造教育特色。

（三）教育现实引发学校教育的改革

临海师范附属小学是一座百年老校，虽然办学历史悠久，但是生源较为复杂，有来自城区的孩子，有城中村的孩子，也有外来进城务工人员的子女，是典型的城乡接合部。加快城市化进程是社会发展的趋势，作为城乡接合部的临海师范附属小学更是担负着学生文明礼仪教育的重要使命。

二、“和雅”教育的内涵和指向

（一）内涵

和，和谐、和善、和睦，“和而不同”是根本，“和而奋进”是内涵。雅，指言语文雅，举止儒雅，气质高雅。“和”是精神内核，“雅”是外在表达。

首先，从教育对象来看，主要培养“三自能力”，即依托丰富的活动，调动广大学生积极参与学校建设的积极性，着力培养学生的自我教育、自我管理和自我发展能力。其次，从教育过程上来看，着力于全程教育，学校各种活动的全部过程都应该包含和雅教育因素。再次，从教育内容上来看，要求是全面教育，学校任何一项教育教学工作都要全面落实育人责任。最后，从教育实施方式上来看，注重全员教育。学校里的所有人，师生之间、师师之间、生生之间，都是教育关系。“全程”是时间概念，“全面”是空间概念，“全员”是主体概念，“三全教育”三位一体，人人做教育、时时做教育、事事有教育。

建立学校、家庭、社会三位一体的教育体系。学校为加强和家庭、社会之间的联系，成立家长学校，联系社区派出所民警，依托社会实践基地，架设各种互动桥梁，营建各种力量交互整合、时空交叉互动影响的教育合力，促进教育教学生活化，增强教育实效。

（二）指向

“和雅”教育，旨在以行为养成教育为重点，潜移默化地培养学生文雅的言语，儒雅的举止，高雅的气质，引导发挥学生的主体作用，帮助学生学会生活，幸福地生活，艺术地生活，从而培养学生健全的人格、高尚的情趣和良好的行为规范。

儒雅的举止源自日常行为的规范。为了实现学生从“要我做”到“我要做”的转变，从学习（如按时完成作业、字迹工整、主动学习、共同分享、合作交流等），衣着（整洁大方得体、不挑剔、在学校穿校服等），不乱丢乱扔，爱做家务（如扫地、洗碗、擦桌子等）各个方面培养孩子做一个举止儒雅的好学生。

文雅的语言要求学生无论何时何地都使用标准的普通话，禁止说脏话，使用“您好、谢谢、对不起”等文明礼貌用语。养成主动热情地和他人打招呼的好习惯。

高雅的情趣主要表现在学生的活动、兴趣上。要引导学生多参加集体活动，培养健康的兴趣爱好（如运动、听音乐、阅读等），发展高尚志趣，陶冶高雅情趣，争取全面发展。

三、“和雅”教育的建设目标

通过“和雅”教育体系的构建实践，探究校园文化的建设思路和实施路径，努力成为校园文化建设的操作范式，进而推广到其他学校。

通过“和雅”教育体系的构建实践，让校园成为适合学生健康成长、充满活力的乐园，让校园文化促成学生成为和雅学子。

通过“和雅”教育体系的构建，提升校长和老师的教育理念和教育能力，促其专业成长。

四、“和雅”教育的建设思路

研究初期，学校围绕和雅教育体系的“原点、核心点、落脚点”开展探究，通过选择、整合和创新，试图从“确立目标、成立组织、构建方案、统一认识、全员参与、强化管理、狠抓落实”等维度寻找和雅教育体系的建设思路。

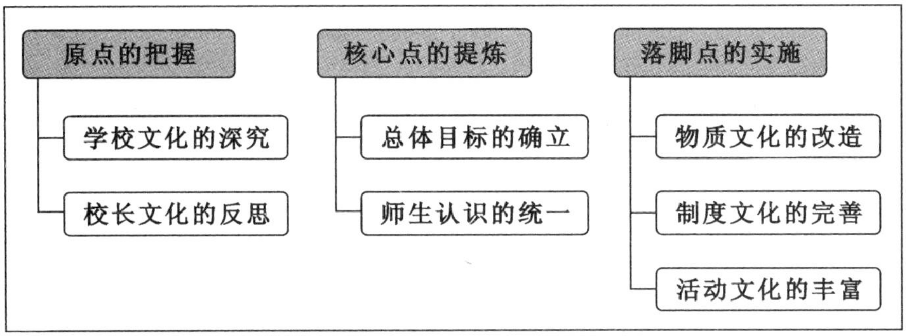

（一）原点的把握

学校文化的构建不是移植，而应该是嫁接、再生或创生。这就需要在构建学校文化的初期充分考虑构建的原点。这里的原点是指学校原有的文化起点和校长自身的文化底蕴。

1．学校文化的深究

推进学校文化建设，始终离不开一个“基因”，这个“基因”就是学校的历史底蕴和文化传统，它们是学校文化建设的源头活水。

继承传统，首先要梳理。结合校情，深追校史。临海师范附属小学已有一百多年的历史，从创建初期的灵江小学，历经红旗小学，再到后来的临海师范附属小学。变化的是校舍校貌，不变的是附小人“追求发展，办成精品，形成特色”的梦想与追求，不变的是附小人“博爱、敬业、谦和”的传统与品格。这些梦想与追求，传统与品格转化成了扎扎实实谋发展、兢兢业业促和谐的教育行为。这是学校文化构建的重要原点。

继承传统，其次要从深厚的、源远流长的人文精神中寻求文化建设的不竭动力，使学校的文化建设富有历史的情韵。临海是国家级历史文化名城，名城、名人、名迹、名特“四名”之城，拥有众多的文物古迹，素有“东南小邹鲁”的美誉。临海师范附属小学地处市区，南临灵江，西依巾山，是一所标准高、质量好的公立义务教育学校。独特的地理位置，深厚的历史底蕴，使得学校临其境、熏其道，在学校文化构建的过程中展现出特有的风貌。这又是学校文化构建的另一个原点。

2. 校长文化的反思

校长的文化特质、办学思想、人格魅力，深深影响着学校文化。常说“一个好校长就是一所好的学校”，正如蔡元培之于北京大学，陶行知之于晓庄师范学校，苏霍姆林斯基之于帕夫雷什中学。

作为学校的第一管理人，在构建校园文化初期，首先问自己：学校应该是怎样的？我们要培养怎样的学生？我们特色办学的立足点在哪里？怎样让社会认可我们？……学校大操场主席台后面的一幅大型油画做了很好的诠释。该油画的主体是一个在大自然中静思冥想的孩童。他将头埋进双膝，他的脚下长出树的根系，他的发梢抽出树的枝丫。他与风、鸟、鱼、小松鼠在一起，与大自然的一切共生。这幅油画展现出人与自然和谐共生的主题，彰显了“和谐育人”的教育理念。用和谐奠基生命的底色，探索生命与教育的完美融合，这就是校长对教育的不懈追求。

在充分挖掘临海师范附属小学的传统文化，反思自身文化底蕴的同时，构建“和雅”文化的愿景已初步形成。“和雅”文化中的“和”，乃为和谐一致，和善和气，和合融洽。“和而不同”是根本，“和而奋进”是内涵。“和雅”文化中的“雅”，乃指气质高雅，举止儒雅，言行文雅。

（二）核心点的提炼

学校文化建设的核心就是精神文化。精神文化包括学校的价值观念、办学思想、教育理念、群体的心理意识等。校训是精神文化的高度凝练，是学校历史和文化的深厚积淀，最能体现学校的鲜明个性。

1. 总体目标的确立。在广泛征集教师建议的基础上，确立了“广文、尚真、崇和、至善”的附小新校训。以下是对校训的定位与解读。

谦谦君子，温润如玉。从学者，玉之璞也。师者，玉之器也。雕琢于蒙馆，使广文以博学，尚真以立身，崇和以处世，至善以为人。

广文，君子之智。食之于肉身，犹书之于灵魂。读万卷书，广文以明德。行万里路，广闻以宏智。尚真，君子之志。伽利略宁焚亦不遗真理，孔丘多舛亦不弃仁爱。传道授业，求学解惑，非尚真而不可至。崇和，君子之礼。君子和而不同，小人同而不和。悠悠华夏，百家争鸣。何如为学者之意相左，则当求同存异，以礼议之，重崇和，莫附和。至善，君子之成。大学之道，在明明德，在亲民，在止于至善。盖人性本善，继学文启迪，则屡自省而臻于佳。

2. 师生认识的统一。在校训的基础上学校还提炼出“广文启智、雅行立身”作为学校师生的养成目标。通过校园碑刻、晨会渗透、活动诵读等方式取得师生认识的统一。

（三）落脚点的实施

学校文化的顶层设计一旦形成就需要依托落脚点，通过渗透、体验、熏陶、规范等实施形式，将顶层文化转化成师生的人文素养。

1. 物质文化的改造

通过物质改造，使学校文化的外显功能更加突出，校园的文化风貌更加完善。学校从硬件设施的改造入手，为和雅文化的打造奠定良好的基础。学校完成了南大门的开通，功能教室电子白板的更换，教工食堂和教师午休室的开办，教学楼的扩建和小广场、围墙的改造等。

在改造的同时，规整了校园文化的整体风貌。依托校训重新命名四座教学楼，分别为“广文楼”“尚真楼”“崇和楼”“至善楼”，为全校师生营造了“和雅”的人文氛围。同时，学校建设儒雅文化、经典诗文、好书共享、博学科技、运动健美、绿色环保等不同区域、不同内涵的文化长廊，让学子临其境、熏其气、得其道，在“和雅”的环境中学做“和雅”之人。

建设“和雅”班级，是构建“和雅”文化的另一道风景。确立以争做“儒雅少年”为目标的班队文化，从班训、班徽、班级口号、班规、奋斗目标、小组文化建设等入手，让全体学生参与班级“和雅”文化的产生、建设、形成的整个过程，让班级成为“和雅”文化建设的主阵地。

2. 制度文化的完善

加强制度管理，把全体师生的价值观念和行为方式，尽可能纳入学校文化建设所追求的“规定情境”中，从而打造出优良的教风、学风，使学校文化尽快入轨。

学校以“和雅”为主题的校本教研制度已成系列，主要分两个板块：“和”教研活动，“雅”教研活动。“和”教研活动，凸显教研活动的日常化，常规化。以“定时、定点、定人”的教研活动为载体，精心研读教材、设计教法，通过观摩课、示范课等形式，让教师相互学习，取长补短，目的是培养专业型教师。“雅”教研活动，通过教师论坛、校际交流、共同体研讨等系列活动，搭建平台，创造机会，引导教师向骨干型、专家型转变。

在“和雅”文化的引领下，学校还制订了《“和雅”德育实施方案》，分板块、分层次、分年段、分月份，层层推进实施，既有宏观的统筹规划，又有有效的点上落实，让学校德育建设走上序列化、制度化。例如，学校以《临海师范附属小学好习惯三字经》为抓手，从课堂雅行、课间雅行、常规雅行、校外雅行等方面入手，坚持实行“好习惯一月一养成”的养成教育，让学生在日常活动中形成良好的学习、生活习惯，做一个言语文雅、行为儒雅、气质高雅的附小学子。

3. 活动文化的丰富

活动建设是校园文化建设的血脉，它丰富活跃着校园文化，使学校充满生机和活力。因此，学校通过丰富多彩的活动，提升“和雅”文化的内涵。

（1）书香校园活动，让校园回归阅读的本真。制订了“传承国学经典，构建‘和雅’文化”的校园文化建设方案，力抓晨读、午读，让学生在琅琅的书声中传承国学经典。在总结多年书香校园建设的基础上，分高中低段自编了《好书伴我成长》读书册，较好地解决了“读什么”“怎么读”“怎么分享”的问题。(2) 文化艺术节、篮球节、体育节、英语节等活动，让校园成就每个孩子的七彩人生。(3) “和雅”课程，精彩社团，让学习更自主。近年来，学校着力打造具有“和雅”文化特色的校本课程建设，把戚家拳、鸳鸯阵等非物质文化引进校园，走进课堂，形成了师生参与非物质文化遗产保护工作的浓厚氛围，既能强魄健体，又能传承发扬民族精神。(4) 走红地毯活动，让附小的每一个人自信起来。每学年，学校会表彰有突出表现的学生、老师和家长，让每一个附小人拥有成就感、幸福感和存在感。

五、“和雅”教育的具体行动

(一) 课程支持

1. 附小好习惯课程

为形成良好的班风、学风、校风，学校根据实际情况，编写《临海师范附属小学好习惯三字经》课程，从小事入手，将“和雅”教育蕴含在学生学习、生活的每个环节中。第一步要求各班利用晨会、午休、班队会等时间组织学生学习背诵，人人牢记要求。第二步学校结合“雏鹰争章”活动，分月分主题落实重点习惯养成，分周细化训练，值日老师和大队委、红领巾督导员进行监督检查落实，给达成目标的学生颁发奖章。比如，学校结合《临海师范附属小学好习惯三字经》中的“善思考，广阅读”这个要求，开展了“我爱阅读之百日阅读微信打卡”活动，结合微信打卡，以自我监督加社会监督相结合的形式，督促学生养成每日阅读半小时的好习惯。坚持30天的学生颁发“我爱阅读”铜章，坚持60天的颁发“我爱阅读”银章，坚持90天的颁发“我爱阅读”金章。通过分级获奖的奖励机制，鼓励学生养成爱阅读的好习惯。

2. 少先队活动课程

《少先队活动课指导纲要》明确指出：少先队活动课是国家规定的义务教育阶段一至八年级全体学生必修的活动课。小学一至六年级和初中一、二年级每周安排1课时。将和雅教育与少先队活动课相结合，以少先队活动课为载体构建和雅教育体系。

一是以教研促落实。学校成立教研组，聘任市里教研员或优秀辅导员老师为顾问，不定期举办现场观摩、讲座、集体备课等。二是以结对促落实。开展青蓝工程，老少结对，互相帮助，共同提高。三是以比赛促落实。组织教师积极参加各级少先队活动课的教案和课件评比、现场优质课评比，在不断的实践和交流总结中规范少先队活动课。

3. 三“雅”特色课程

以本校为例，学校以临海地方文化为课程资源，以三“和”平台促进三“雅”课程形成，培养和雅少年。框架如下：

多位一体育人平台　　“和雅”德育课程群　　“和雅”德育体系

(1) 三“和”平台

资源组“和”：组合真实、易取、生命力强的地方文化融入“和雅”教育。从家乡临海的历史、地理、风土人情、传统习俗、行为规范等方面寻找临海的底蕴文化。利用周末、假期，尤其是利用每学期的春秋游活动，师生开展临海地方特色文化考察，组织学生到戚公祠、盖竹山、羊岩山、台州府文庙等地方进行社会调查，了解历史人文资源，让学生感悟家乡的美好。跡选调查结果，提炼对学生成长有教育意义的内容，形成一套特色文化教育资源。以台州府文庙文化为例，临海作为千年台州府所在地，台州府的文化特色、台州府城的建筑特色、台州府城的文化积淀，无可替代。历代以来，经台州府文庙培养而走出去的进士有1091人，其中武进士184人，文状元有王会龙、泰不华、秦鸣雷等。到了近现代，曾设在文庙内的回浦中学，也走出了朱洗、冯德培、洪孟民、蒋民华、金庆焕等5位两院院士。漫步台州府文庙，在杏坛下、殿宇前，可以忘却身后的喧嚣。仰望先贤，可以“立心”“立命”，可以感受“观乎人文，以化成天下”的力量。

学科融“和”：多学科共同实施，全员育人，目标融合统一。德育课程具有综合性，它蕴含着丰富的德育、智育、体育、美育等因素，它将多门学科的知识与技能有机地融为一体。在实施具体项目的过程中，不局限在完成某一领域的具体任务上，而且更注重各领域任务和内容的相互渗透与延伸。将德育目标与教学内容整合实施，达到教学与德育互动的效果，既达到学习知识的目的，又起到思想教育的作用。以《小小戚家军课程》为例，它具有很强的综合性：读一读戚家军故事，诵一诵戚继光诗作，画一画戚家军军旗，练一练戚家拳少年十二式，唱一唱军歌，排一排古阵法，访一访遗迹等。语文课堂、美术课堂、体育课堂、音乐课堂与社团课堂多学科全方位融合，编排了课程内容。

主体整“和”：校内及校外联动，达到校雅、家雅。整合校内德育资源，形成教育合力，实行全员育人，做到教书育人、服务育人、环境育人、文化育人、风气育人。利用校外资源，申报成为三大实践基地：临海非物质文化遗产——戚家军鸳鸯阵临海师范附属小学教学传承基地、临海市茶文化促进会红领巾实践基地（茶文化进学校示范点）和孔子学堂临海师范附属小学教学点，借力校外资源，建设优秀文化传承体系。积极开展拓展性课程，根据孩子的兴趣择班、走班，定时、定点、定员开展活动。

（2）三“雅”课程

“文”雅——“孔子学堂”课程。培育和践行社会主义核心价值观，弘扬优秀传统文化为主要目标，传承孔子优秀教育思想。一年级以童谣为抓手，弘扬、继承优秀传统文化。童谣，受到中国传统文化的浸润，夹杂着中华民族特有的文化元素，读起来亲切而熟悉。低年级学生，尤其是初入学儿童，诵读的材料首选童谣。在所有的文学形式中，童谣是最受孩子们欢迎的。它浅白而简练，孩子们容易了解其中的意思，领略其中的情趣。童谣讲究韵律与节奏，读起来朗朗上口，听起来如音乐一般，直抵人的心灵。为此，学校在众多的童谣中，经过反复筛选，精心收录了50首童谣编著成了《你好，童谣》读本。

“艺”雅——红领巾茶艺课程。利用茶文化的“谦、美、和、敬”的文化内涵，让校园散发“和”的韵味，定格“雅”的情调。所谓茶艺，不仅仅是指点茶技法，还包括整个饮茶过程的美学意境。学校成立了红领巾茶艺社，定时、定点、定员开展活动：学习茶的发展史、茶叶的分类、茶礼、茶的冲泡技巧及茶艺表演。与语文课堂融合：讲与茶有关的诗歌、对联、俗语、谚语、歇后语、传说、故事；与书法课堂融合：书法不仅具有审美功能，还对人们的修身养性有帮助，柳公权曾说过“心正则笔正”，而茶恰恰也兼具这两方面的作用，两者之间也有着密切的联系；与美术课堂融合：茶画作为茶文化的一种绘画形式载体，体现了中华民族传统文化的精神品质，美术课堂上的茶画教育，是对传统的茶画艺术的继承与发扬；与音乐课堂融合：茶歌是茶文化的重要组成部分，曲调简单，语言通俗，具有浓郁的民族风情。

“武”雅——小小戚家军课程。发掘、挽救、保护和传承民族文化遗产，高度重视戚家拳和非物质文化遗产鸳鸯阵的发扬光大，让孩子们习拳舞枪唱凯歌，继承和发扬戚继光“使命、团结、创新”的民族精神。“戚家拳”是戚继光根据实战需要，综合当时多家著名拳法中的踢、打、摔、拿等技法，精心创编的拳法。自明朝流传至今，已面临失传的危险。“鸳鸯阵”是戚继光在北仑（即戚家山）练兵时的一种主战阵法。戚继光率领戚家军，经过鸳鸯阵法的演练后，在与倭寇的作战中，每战皆捷。小小戚家军课程内容安排为：读一读戚家军故事，诵一诵戚继光诗作，画一画戚家军军旗，练一练戚家拳，排一排古阵法，敲一敲战鼓，唱一唱凯歌等。

（二）阵地建设

1．夯实大队阵地建设

少先队大队部的阵地就应该像磁场之于磁铁那样，让孩子们时时刻刻都能感受到少先队的存在。学校大队部可从队室、铜管乐队、女子小交警等团队建设为抓手，让每一位学生每时每刻都能感受到德育工作的魅力。

（1）队室——庄严又温馨

队室是辅导员和少先队干部学习和讨论工作的场所，是向学生进行教育的有形阵地。为此，队室建设要体现时代性、教育性、童趣性和特色性。从主题墙上的标语、队徽、誓词，到专题墙上的队史、队章、队歌；从党旗、团旗、队旗、活动剪影到一切职务分工与职责，还有学生花名册、少先队会议记录、活动记录、主题活动方案、铜管乐队装备等，全部都要配备齐全。

（2）铜管乐队——规范又活泼

铜管乐队在大队部的直接带领下，要定时定人训练，从训练内容、背谱、走队形、个别演奏、合奏，要一步步把关。每周一的升旗仪式以及有重大活动或嘉宾来访，铜管乐队都可以出场，增强仪式感。

（3）少年小交警——亮丽的风景线

少年警校是学生自愿参与社会实践的课外活动组织。除了参与学校日常执勤外，还可与大交警联合执勤，既能锻炼和提高学生的素养，又能扩展少先队活动开展的领域。

2．规范中队阵地建设

“和雅”是一种文化，更是一种实践。各中队开展以“六个一”为主要内容的中队文化建设活动。“六个一”，即建立一个少先队队角，建设一个图书角，美化一个卫生角，出好两周一次的黑板报，丰富一个学习园地，用好一个光荣台。

除了“六个一”活动，还可依托“特色中队”“动感中队”的评比，鼓励各中队辅导员积极创新，创出各中队特色，使学校文化百花齐放。

3. 丰富校外教育实践基地

创新实践载体的模式，加强教育基地建设，比如建立“农业实践基地”“国防教育自强实践基地”“爱心敬老基地”等。教育基地的活动紧紧围绕提高学生综合素质开展工作。通过教育基地的系列活动，培养学生爱祖国、爱家乡、爱人民、爱劳动、爱学习的良好品质，使学生在掌握科学文化知识的同时，具备较强的实践能力、社会适应能力，以适应素质教育的要求。

4. 创新红领巾社团建设

红领巾社团是少先队工作的新亮点、新抓手。社团活动是学生不断提高自我、完善自我的有效途径，也为学生施展才华提供舞台，有助于扩大少先队的交际圈，锻炼个人的组织能力。社团建设需要：

有特色，吸引人。社团的开设要做到人无我有，人有我优。

有活动，培养人。红领巾社团实践性强，在活动中能够充分发挥社团成员的主动性和创造性，真正培养学生的兴趣，增长学生的知识，提高学生的能力。

有成果，鼓舞人。学习和实践必然通过某种形式来展现成果，可以是书画作品、节目作品、科技小发明等，学校努力搭建平台，展示活动成果。

（三）活动开展

1. 组织性活动

（1）新生入队活动

一年级新生“光荣的少先队”入队系列活动，从入队前的知识教育，到入队申请书的填写和入队前五个必做（学会入队誓词和口号，学唱队歌，学戴红领巾，养成一个好习惯，做一件好事）的完成，再到入队仪式的开展，都必须庄严慎重有仪式感，一步步让一年级小学生了解队组织，亲近红领巾，为自己能加入少先队而自豪。入队仪式最好隆重一点，要成为孩子一生美好的记忆。2016 年学校承办了临海市少先队纪念长征胜利 80 周年暨新生入队大队活动。从“忆长征，传承红色精神”“迎新生，争做党的好少年”“寄希望，共筑伟大中国梦”三个篇章的展示为新队员的生命中注入了鲜艳的一抹红。

（2）大队委改选

每年的大队委改选，从中队推选的候选人都要经过层层考验：手抄报宣传、队知识竞赛或面试、竞选演讲、队员代表投票，每一关都认真对待，以选出能力强、思想好的一支队伍。

2. 时事性活动

时事性活动政治色彩比较浓，比如每年的爱国主义读书活动，“牢记核心价值观”活动、“五水共治”活动、“创建文明城市”活动等。如何将这些活动做得符合孩子的年龄特点，有趣又有实效呢？例如“五水共治”活动，学校成立护水队，走出校园开展“考察母亲河”的社会实践活动，学生和家长、义工一道追溯母亲河源头，采集各段流域水样，观察、比对、分析影响水质的原因，采访水文站工作人员了解母亲河近年来水质及水资源保护工程等相关情况，分发“五水共治”倡议书，向广大市民宣传护水、节水知识。这样的活动丰富又有实效，既有意思又有意义。

3. 传统节日及纪念日活动

学校要把传统节庆活动和革命纪念日的纪念活动与精神文明创建活动有机结合起来，交叉开展主题教育活动，培育和弘扬以爱国主义为核心的民族精神，积极倡导社会主义荣辱观，使节庆活动内容健康，形式多样，特色鲜明。比如春节、清明节、端午节、中秋节、重阳节等传统节日期间，可以深入开展“春联文化考察行动”“清明追思”“端午包粽子大比拼”等小队或家庭实践活动，教育学生做一个有根的中国人。

“和文化”沁人心脾，“雅文化”润物无声。学校文化的积累是一个孜孜不倦、长期积淀的过程，是一个持续不断、努力践行的过程，更是一个综合各种因素、整体推进的过程。设定目标，形成体系，细节管理，“和雅”教育的构建实施还需不断地深入实践和探索。相信不久的将来，“和雅”之花会在附小的校园里美丽绽放，美丽每个附小人的教育人生。

六、初步成效

“和雅”教育体系的构建经过六年的实践与探索，得到全校师生、广大家长、兄弟学校、社会各界的认可，成效显著。

（一）课程群生成：打造了三“和”平台，形成了三“雅”课程体系

在研究过程中，充分发挥台州府文化优势，寓地方文化于办学、管理、教学、育人之中。通过资源组“和”、学科融“和”、主体整“和”多位一体的育人平台的构建，开发了以“孔子学堂课程”为代表的“文”雅课程，以“红领巾茶艺课程”为代表的“艺”雅课程，以“小小戚家军课程”为代表的“武”雅课程，使学校工作课程化、科学化、规范化、系统化。《小小戚家军》和《你好，童谣》被评为台州市精品课程。

（二）学生发展：学“文”、培“艺”、习“武”，成为“和雅”少年

“文”雅、“艺”雅、“武”雅的“三雅课程群”的实施，使学生感受到中华民族的经典优秀文化和民族精神，激发热爱祖国的情感。学“文”汲取大量的精神养料，成为中华优秀传统文化的继承者和传播者；培“艺”激发了兴趣，感受独特的艺术感染力，优化艺术教养；习“武”，培养坚强而柔韧的意志品质，强健体魄，愉悦身心，提高生活质量。孩子们参与了大量的社会实践活动，如为中国国际茶文化研究会会长周国富一行展示“‘和雅’

茶礼”；参加浙江电视台《抗倭英雄戚继光》纪录片的拍摄并为该片录制主题曲《凯歌》；参加台州府城文化之古城文化节戚家军巡城活动；参加台州府文庙祭孔大典等，提高了学生的综合素质，争做“言语文雅，行为儒雅，气质高雅”的“和雅”少年。

（三）学校改变：“和雅”文化体系构建，凸显教育特色

传承地方文化，凸显教育亮点，构建“和雅”文化。学校成为“非物质文化遗产传承基地”“临海茶协会红领巾实践基地”“孔子学堂教学点”；学校被评为“台州市首批德育示范学校”“临海市首批德育示范学校”“台州市少先队先进工作单位”“临海市德育先进集体”；小小戚家军社团和红领巾茶艺社被评为“台州市十佳社团”。《浙江日报》《台州日报》《台州晚报》《今日临海》、临海广播电视台等多家新闻媒体相继报道《校企深入合作　培养临海茶产业的接班人》《“戚家军”穿越回临海，教小学生打戚家拳!》《茶道进校园　沏杯香茗敬师长》《临师附小有个茶艺社，每周一堂茶艺课》《茶，一片树叶与孩子的故事》《临师附小将戚继光事迹融入爱国主义教育》《“戚继光精神”进校园》《古城里的现代“戚家军”》等多篇报道。

七、总结与反思

学校教育体系的建构应该是学校各部门工作的共同目标。但是，从现有研究过程的反思来看，临海师范附属小学“和雅”教育体系，更多涉及德育工作，而在教学工作中体现得不够明显。能否将“和雅”教育体系的建构渗透到教学常规、教学研讨之中呢？这是一个亟须解决的问题。

学校教育体系的建构是一个孜孜不倦、长期积淀的过程，也是一个持续不断、努力践行的过程，更是一个综合各种因素、整体推进的过程。设定目标，形成体系，细节管理，“和雅”教育体系的构建实施是需要不断实践和探索的。但由于教师交流、调动等因素，尤其是校长和骨干教师调离临海师

范附属小学，给和雅教育体系的建构带来一定的影响。因此，要做好工作交接。一个学校教育体系的形成不应该是一个校长的事情，而是整个学校、历任校长、全体师生的共同职责。

教师课程观念仍需不断更新。由于绝大多数教师原来所学的教育学是没有课程论的教育学，加上“校本课程”这一概念在我国正式使用的时间并不长，因此，教师对校本课程的认识难免存在一些偏差。另外，学校、教师和学生过分依赖和迷信统编的教科书。这种思想观念和传统习惯势必与校本课程的现实需求之间存在巨大的反差和深刻矛盾，将对校本课程的开发带来观念、制度层面上的阻力。通过几年来的课程改革，教师们的课程观念已有了长足的进步，但是当今社会变化如此之快，能否跟上时代，能否让教师们的教育观念长时间内保持及时更新，将是一个亟须解决的问题。

教师的知识和技能有待进一步加强。校本课程开发中系统的规划、理论指导和实践性研究十分缺乏，因此，校本课程开发中如何不断强化学校和教师的课程意识，尽快提升学校领导及教师的课程开发技术，使之有课程改革的正确观念，有课程改革的愿望和动力，有开发校本课程所必要的知识、技术和能力，这是校本课程开发的重要条件，也是学校亟须解决的问题。

参考文献：

[1]［美］查尔斯·M. 赖格卢特. 重塑学校［M］. 福州：福建教育出版社，2015.

[2] 凌宗伟. 好玩的教育：学校文化重建五讲［M］. 上海：华东师范大学出版社，2015.

[3] 贾永春. 让传统文化教育“活”起来［M］. 上海：华东师范大学出版社，2017.

[4] 中共临海市委临海市人民政府. 府城史话［M］. 杭州：西泠印社，2014.

[5] 临海市社会科学界联合会. 临海文化十讲［M］. 北京：中国文史出版社，2012.

[6] 沈曙虹. 学校文化力及其内容结构［N］. 青年导报，2010.

[7] 黄申友. 学校文化构建的路径选择［J］. 教学月刊，2017.

[8] 周吉群. 学校文化力及其提升策略［J］. 教育科学论坛，2011.

[9] 杨建华. 论学校文化力及其构建［J］. 教学与管理，2006.

“尚斌” 文化传承与弘扬的路径研究

陈选峰①

文化是立国之本，文化是立校之魂，传承和弘扬中华优秀传统文化是时代潮流，也是学校可持续发展的迫切需求。学校文化因其独特的育人作用而尤显重要。然而许多学校在发展的历史长河中逐渐衰弱以致消失，原因或许是多方面的，但学校文化在传递过程中产生文化断层是一个不能回避的问题。文化的传递大则关乎学校存亡，小则关乎学校精神的兴衰。文化的传承是基础、弘扬是目的。弘扬文化离不开路径的归纳，寻找学校文化传承与弘扬的路径，从而获得学校文化传承与弘扬的一般规律，是一件非常有意义的事。

一、文化：学校可持续发展的必然归宿

（一）学校文化传承与弘扬是历史发展的必然选择

十八大以来，习近平总书记多次强调要传承和弘扬中华优秀传统文化，

①陈选峰，中小学高级教师，时任浙江省临海市邵家渡中心校校长、书记，系本课题负责人、主报告执笔人。现任浙江省临海市哲商小学校长，曾获台州市名教师、浙江省师德先进个人、省教育科研先进个人、省课堂教学能手、省中小学教师优秀辅导师、省课堂教学评比一等奖、浙派名师培养对象等荣誉称号。出版专著一部，参编教师发展用书两本，编写学生用书两本，在省级刊物上发表论文多篇，主持省级规划课题研究四项，受邀到各地做公开课及报告多场。本报告为浙江省教育科学规划课题结题成果。

旗帜鲜明地提出“我们要坚定理论自信、道路自信、制度自信，最根本的还要加一个文化自信[1]”，这为新时期学校的文化建设指明了道路。学校既要弘扬中国传统的优秀文化，又要立足校本传承与弘扬学校优秀的历史文化，这也是新时代学校发展的必然要求。现代学校的一个重要功能就是将上一代的文化内容经过价值批判和取舍，去粗取精，去伪存真，传播给下一代。而有着优秀学校文化的百年老校在国内并不在少数，如何在这代人中传承学校历史上优秀的文化，这已成为摆在许多学校尤其是一些异地迁建学校面前的头等大事。优秀学校的发展是一个整体，这个整体根植于学校的方方面面，从而形成相对固定的学校特有文化，东拼西凑起来的东西很难成为学校的文化，没有延续价值。而作为有着百年历史的老校，既然能延续百年，完全有理由在文化上自信起来。传承学校核心的文化特质，通过布置环境、设置课程、开展活动等形式弘扬学校文化已成为当下学校最迫切的需求。

（二）学校文化传承与弘扬是当下课改的理性回归

当下，学校课程改革正紧锣密鼓进行着，但不少学校在实施课程改革过程中反对声浪高，认为学校课程改革已走入课程改革计划的对立面上。究其原因，一是认为学校课改追求“新”，忽视了传承；二是认为学校课改“乱”，忽视了创新。从对西方文化的皮毛了解中生搬硬套，简单拼接，进而形成各种“名校”文化的简单叠加。这忽略了课改的初衷，缺失了“为何课改”的理性思考。因此，学校必须充分地利用各种因素，形成具有自身特色的价值观、信念、手段、语言、环境和制度的文化。应梳理学校发展的核心文化，形成核心的育人目标，再根据自身学校的特点，从学校活动课程、拓展课程、基础课程等方面整体入手，研究达成这些课程所需的教师活动等支撑手段。所以，传承与弘扬学校文化是当下课改的理性回归。

（三）学校文化传承与弘扬是学生核心素养发展的必然要求

自教育部颁发了学生的核心素养后，培育学生的核心素养已成为学校育人的首要工作。核心素养落地并不容易，需要从学校文化层面整体设计。然而现在不少学校只是简单地把核心素养培育与课程设置等同起来。我们并不否认课程设置在学生核心素养培养方面的重要作用，但影响更深远的还是在文化弘扬中发展核心素养。文化育人是根本，课程设置只是学校文化一个比较重要的组成部分。因此，学校需要立足于学生的核心素养，形成学校的核心理念，并通过环境文化、课程文化、精神文化整体规划学生核心素养的培育体系，并在实践中不断围绕文化传承与弘扬达到文化养人、文化育人的目的。而传承与弘扬的文化应体现优秀学校的特质，判断依据是其文化是否符合学生的核心素养。

（四）学校文化传承与弘扬是教师教育归属的呼唤

当下，教师对于教育的认同度正逐渐下降，这是一件需要引起重视的问题。原因可能是多方面的，其中教师的社会认同度下降是主因，这使教师越来越不能在育人工作中找到自己的归属感。改变这一现状的方法可能很多，提高教师工作待遇能起到立竿见影的效果。但时不待人，从当下的实际情况来看，要从学校文化的精神层面提高教师育人工作的归属感与学校的荣誉感。而提高教师学校工作的归属需要学校文化的熏陶，需要教师认同学校的核心文化。学校再以核心文化构建起摸得着、看得见、可检测的文化目标体系，使教师在教育实践过程中随时依据目标触摸文化，找到工作的归属感，进而激发教师为学校发展的新目标、新要求而努力工作，从而在不断发展中找到自己的成就感。

（五）学校文化传承与弘扬是特色建设的必然选择

每所学校的发展都有其独有的历史脉络，而支持其发展的是根植于内心的文化。当下学校越来越重视自身的发展特色，建特色学校既是上级政府的要求，更是学校发展的必然要求，但不少学校的特色发展是为了特色而特色，把开一门社团课作为特色，将校园某一处刻上个别化的标致作为特色，甚至于不管做什么都戴上特色的“帽子”。这些特色会因为校长或教师的变化而改变，这些所谓的特色学校是对“特色”的亵渎。特色学校本质是学校文化的校本化，它不会因为校长或教师的变化而发生改变，它会刻上学校历史与时代的烙印，根植于全体师生内心深处，并在日常工作学习中自觉朝学校特色文化的目标前行。

因此，传承与弘扬学校的文化是学校发展的基础。依据学校核心理念，构建起与核心理念相匹配的学校文化组织，是学校发展的历史必然与应然选择。构建活动文化、精神文化、环境文化、课程文化体系，是对学校历史文化的价值取舍及去粗取精的文化超越。通过学校文化的传承与弘扬，发挥文化的导向功能、凝聚功能与规范功能，促进学生的成长、促进教师的发展，最后达到培养富有校本文化特质的“全面发展的学生团体”及“全面发展的教师团队”的目的。

二、“尚斌”文化传承与弘扬的研究策略

（一）相关的研究基础

1. 通过对学校发展历史的梳理，研究“尚斌”文化已成共识

邵家渡中心校一说创办于清光绪三十三年（1907），前身名为“尚斌初等小学堂”“邵家渡国民第一小学”等，校址多有更迭。2004 年临海市部分行政区划调整，设邵家渡街道办事处，遂更名为“邵家渡中心小学”。为了实现教育优质均衡发展，在当地政府的重视下，2013 年 9 月易址迁建的新校园投入使用。

邵家渡中心校建校初以“尚斌初等小学堂”为校名，其中的“尚斌”为

立校之魂，是学校文化理念的根本。“尚”意为尊崇。斌，左文右武，在当下语境中通常取文武双全（兼备）之意。在传统语境中，斌同“彬”，文质兼备。《玉篇·文部》：“斌，文质貌，亦作彬”；《广韵·真韵》：“彬，文质杂半。斌，彬同。”《论语》中也有“文质彬彬，然后君子”之说，更多表示一种人格修养，一种温文尔雅、谦谦君子的气质。

2015 年，邵家渡中心校将“尚斌”作为学校的办学核心理念，并在教代会上讨论通过；2016 年，学校基于“尚斌”的核心理念，确定了“走尚斌路、成和合人”的学校校训，并以此确定学生的六年培养目标；2017 年开始，以“尚斌”文化为目标，整体设计学校的环境文化，现已完成学校“尚斌书院”与“走尚斌路”的设计与建设。这几年，学校还举行了多种形式的活动，围绕尚斌文化，学校每月举行“尚斌讲堂”，每学期举行“斌质学子”的评比与表彰。这些活动为开展本课题的研究提供了大量宝贵的第一手实践资料。

2. 通过查阅大量的相关研究材料，文化的研究已有一定基础

教育部部长曾指出“文化是综合国力的重要组成部分，影响民族凝聚力的主要因素[2]”，揭示了文化在凝聚人心方面的重要作用。关于学校文化的研究，薛为春等认为德国校园文化是“依法治校、学术自由，注重实践性，实行人性化教育”，但对学校个体的特色文化如何传承与弘扬没有涉及过多；张海等认为校园文化建设的任务一般包括四个方面：一是以爱国主义教育为核心；二是加强学校风气建设，形成积极向上的道德风尚，使学生能展示积极昂扬的精神面貌；三是开展丰富多彩的课外文化活动；四是加强校园软、硬件设施的建设，为学生营造一个良好的学习氛围[3]。文中也没有涉及学校文化的传承问题。笔者同时发现，关于校园文化的分类、内涵等方面的文章在中国知网里有上千篇，但如何让校园核心文化落地的研究较少，大都停留在环境文化的研究上面，这说明依据学校的办学历史与当代教育发展的现状开展学校历史文化的传承与弘扬工作是我们的现实性需要。

（二）形成的研究目标

通过学校文化的传承与弘扬，提升学校办学品质。

通过对学校办学历史的梳理，形成学校办学的核心理念，建构支撑学校核心理念的文化体系，形成富有特色的文化建设总体方案，提炼出从校史梳理到学校文化确立的一般性方法。

构建基于学校特色文化的学生整体培养目标，以此为导向形成学校的尚斌精神、尚斌环境、尚斌书院、尚斌课程等一系列尚斌文化元素，梳理这些元素与尚斌文化的关联性，形成使学校文化落地的一般性方法。

形成可操作的、目标清晰的评价体系，研究尚斌文化下培育“斌质学子”的策略与方法，从而促进学生主动成长，培育学生的在校幸福感。

通过尚斌文化的传承与超越，形成具有学校特色的精神——“尚斌精神”，在持续推进尚斌文化建设的过程中，激发教师的工作动力，提升教师的爱校情怀。

通过尚斌文化传承与弘扬策略的研究，形成可推广的学校文化传承与弘扬的一般路径，并在一定范围内进行推广，提炼“一校一品”文化可借鉴的策略。

（三）研究的主要内容

依据研究目标，确定研究的重点内容分别是：学校文化传承与弘扬的一般路径，梳理学校的历史文化，确立学校的精神文化，形成文化传承与弘扬的载体与策略。

三、“尚斌”文化传承与弘扬的策略与行动

（一）形成“尚斌”文化传承与弘扬的路径

学校文化传承必有其内在规律，弘扬学校文化也应有方法。以“尚斌”

文化研究为例，找到学校文化传承与弘扬的路径，形成学校文化传承与弘扬的一般规律，从而找到普遍适用的策略与方法。“尚斌”文化传承与弘扬的路径如图所示。

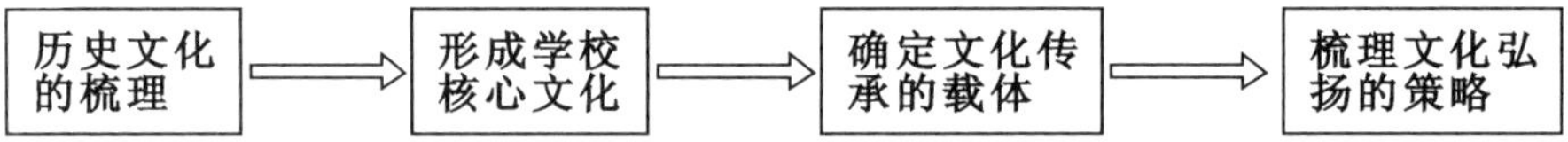

“尚斌”文化传承与弘扬的路径

1. 梳理学校历史文化

学校文化传承与弘扬的基础是对学校历史文化的梳理。通过寻找学校发展的历史，梳理学校一直存在的核心理念，从而分析并提取最有价值的核心文化。梳理学校历史文化的方式有：查找校史、寻访历史见证人、翻阅地方教育史、查看学校创始人家谱、了解首任校长生平事迹等。通过学校历史名人、关键事件、原有校歌、办学理念的分析与挖掘，形成学校历史文化的精华。

以邵家渡中心校为例，翻阅《台州民国教育志》可以了解到学校建于清光绪三十四年（1908），以“尚斌初等小学堂”命名，为当时著名抗日爱国将领柳善父亲柳晓晨（国民党空军司令周至柔舅父）出资创办，临海名士章襄担任首任堂长。又从首任堂长章襄后人处得章襄日记三本，其介绍自己为清光绪三十三年（1907）“尚斌初等小学堂”首任堂长。记载的创校时间与《台州民国教育志》不同，应判断章襄日记更为准确。

1907 年学校创办时正值中国文化与西方文化初步融合之际。清政府于 1904 年颁布“癸卯学制”，大量的新式学堂应运而生，“尚斌初等小学堂”正是其中之一，包括柳晓晨在内的大批有识之士，怀抱为国培养有用人才、为国弘扬传统文化的理想出资办学。在创始人柳晓晨后人家谱中得知“尚斌初等小学堂”中“尚斌”体现了创办人的办学理念，“初等”指当时学校的培养对象为一到三年级学生。对应其办学理念，学校提炼出“彬彬有礼、文武兼修”的育人总目标。

2. 形成学校核心文化

学校的核心文化应高度浓缩并具有独特的生命力。学校核心文化的形成需要对学校历史文化的考证分析，再通过全体教职员工、家长代表、社会人士的充分讨论，最后形成学校核心文化，并成为学校全体师生的共同意志和价值取向。

以邵家渡中心校为例，其立校之初“尚斌初等小学堂”之“尚斌”即为立校之名，更为学校核心办学理念，意在培养具有“君子”风范、文武（体）兼备、德智体全面发展的学生。核心办学理念形成学校核心文化，核心文化的确立也体现了对历史文化的高度传承，更突显当下育人的方向与目标。“尚斌”为邵家渡中心校的核心文化，对应“走尚斌路、成和合人”的校训，形成“培养崇尚彬彬有礼、文武兼修之人才”的育人方向，构建起学校文化体系的主脉络。

3. 确定文化传承的载体

学校文化包罗万象，但核心文化一定是学校长期流传下来的根植于每个人心底的精神。精神需立足于实践才能弘扬，即核心文化需要找到传承的载体。实现校园文化的传承与弘扬，需找到学校文化传承与弘扬的落脚点。以尚斌文化的研究为例，学校的做法是先将文化进行科学归纳，形成了制度文化、环境文化、课程文化、精神文化、物质文化五个方面，再结合学校实际与育人特点，确定文化传承与弘扬的四大载体，即“环境”“课程”“精神”“活动”四大板块，形成围绕“尚斌”核心文化，对应“走尚斌路、成和合人”的校训，培育“彬彬有礼、文武（体）兼修”的育人目标，整体设计学校的校园环境、学校课程、主题精神及主题活动。

4. 梳理文化弘扬的策略

明确学校核心文化，形成学校文化传承脉络，确定学校文化传承载体后，需要梳理并形成文化弘扬的策略。文化弘扬的策略必须紧紧围绕并支撑学校的核心文化，必须依据学校文化的活动载体开展对应活动形成对应策略。以尚斌文化弘扬为例，形成“核心—精神—目标—活动”的策略框架。

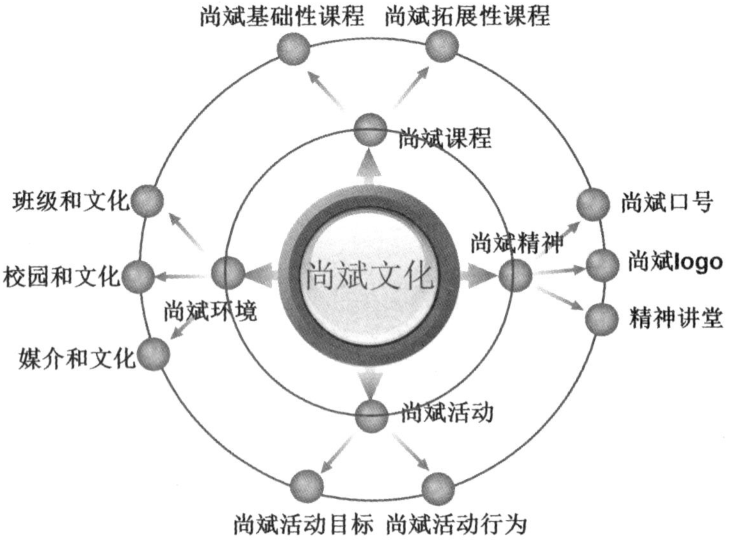

尚斌文化弘扬策略图示

（二）“尚斌”文化传承与弘扬的实践探索

1．形成弘扬文化的精神

精神文化是学校文化最核心的部分，是学校经久不衰的根本动力，体现学校工作的精神面貌。以尚斌文化为例，其对应的精神文化为尚斌精神，尚斌精神需每位教师提炼后经常传诵，并形成支撑其工作的动力，从而构成学校的文化自信。邵家渡中心校依据尚斌核心理念确定“走尚斌路、成和合人”的尚斌精神，并作为校训在学校日常工作中落地。

（1）提炼“尚斌”的精神文化

精神文化需要将核心文化通过简洁、浓缩的语言提炼出来，并在学校的logo、学校的校徽、学校的校歌等方面全方位呈现出来，使学生眼中常看、口中常说、心中常想，从而达到传承与弘扬的目的。

邵家渡中心校结合尚斌核心文化，围绕“彬彬有礼、文武兼修”的育人目标，提出"走尚斌路、成和合人"的口号，以此作为尚斌精神的内容，并通过多种形式使师生记于心、落于行。学校围绕尚斌精神设计校歌《尚斌之歌》，同时设计学校吉祥物"和娃"。和娃的设计具有强烈的尚斌文化元素，把"尚斌"的"斌"字分成"文"与"武"两字，设计了"小文"与"小武"一对动漫人物，头发设计成"山水"型，意为"山水相依、天人合一"，衣服则为校服。"小武"手拿学校特色板球代表"动"，"小文"手握铜笔代表"静"，包含"文体兼修"的学校文化。整体设计蕴含"山水相依、动静结合、文体兼修"之尚斌精神。

尚斌之歌

（邵家渡小学校歌）

1=F 2/4　　金 丹 词

幸福快乐地 每分钟116拍　　邵智敏 曲

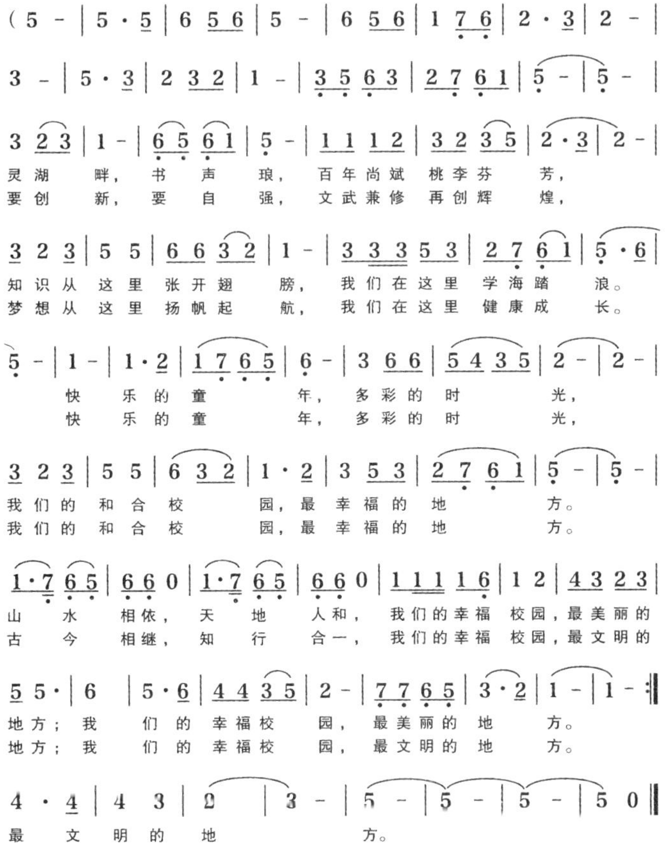

和娃（小武、小文）图

（2）形成弘扬精神的“尚斌讲堂”

精神文化还需要通过多种形式进行宣讲，而宣讲又需内容丰富、形式多样并形成常规性的动作。邵家渡中心校通过“尚斌讲堂”的形式开展尚斌精神宣讲，推动精神文化落地生根。

“尚斌精神”作为学校工作的目标，意为追求卓越；“尚斌精神”也作为师生个体的精神，强调教师与学生扬个性、展风采的追求。学校专门搭建“尚斌讲堂”平台，定期开展尚斌精神宣讲活动，初步形成了“四个一”。

一种理念：一直围绕“扬尚斌精神、育和合文化”的理念，弘扬尚斌精神。

一套机制：健全机制，每月一次，活动定在每月一周的星期三晚上；每次一个主题，学年开始排好活动序列，按序列安排活动。

一支队伍：组建“尚斌精神”讲堂宣讲团，由学校领导班子、知识分子联合会的骨干组成，再结合学年主题邀请有专长的人员参与。

一个平台：搭建“尚斌精神讲堂”这个平台，借助平台推动学校文化的建设。

在开展尚斌讲堂活动时，逐步形成了尚斌讲堂的几个特色。

一是传承性：第一是传承中国传统文化中的精华，开展了如“半部论语治天下”“中国传统礼仪”等中国传统文化教育；结合中国传统的孝道开展了基于学生、家长、教师三个群体的感恩教育。第二是传承学校积淀的文化，开展学校文化的历史寻根活动，了解首任校长章襄的生平及贡献，开展争做“尚斌教师”“尚斌学子”的活动。

二是人文性：孔子把人文作为文化的核心，人文核心在于人的人文关怀，学校在大讲堂上结合中国传统文化进行师生养生关怀，开展“黄帝内经”养生、“教师心理健康与保健”等健康教育。

三是本土化：以讲堂为点推动学校文化面的建设，以学校“点”的文化推动家庭“面”上的尚斌文化，以家庭“面”上的文化推动社会尚斌文化的建设。通过“最美教师评选”“我为邵小发展献一计活动”“感动邵小的人与事评选”等的开展，达到“以身边人说身边事，以身边事育身边人”的目的。

2. 形成弘扬文化的学校环境

学校文化的弘扬体现在精神文化中，也体现在学校环境布置中。学校环境文化包括校园环境文化、室内环境文化及媒介传播文化。要让校园核心文化在学校的角角落落看得到、摸得着，要依据文化的组成整体设计不同区域的文化主题。

（1）“尚斌”环境文化

以尚斌文化为例，如何让环境文化与学校核心理念相吻合，让尚斌文化镶嵌在环境文化中，学校按校园的整体结构建南北“两条融合之弧”和东西“五条相通之轴”，从而搭建起立体式的“尚斌环境文化”。

①尚斌和合之弧线

包括尚斌融合之弧线与尚斌展示之弧线，在融合弧线上建成“尚斌书院”与“尚斌讲堂”，并通过一些简单的字、画，将这些主题串联在一起，形成尚斌主题文化。这样就形成了“尚斌书院——门口尚斌景观——校前广场‘走尚斌路、成和合人’——教学楼间‘和合石’——博雅楼‘和文化’——尚斌讲堂”这一条完整的尚斌和合之弧线，并在尚斌讲堂上设展示弧线，建设学生“尚斌展示台”，为学生“文体兼修”搭建展示活动平台。

②尚斌和合之轴线

重点针对尚斌的“斌”字做文章，将古代书法“斌”字镶嵌于校园的中心广场，与校门口学校核心理念“走尚斌路”呼应起来，每年举行一次“走尚斌路”主题教育活动，强化尚斌理念。

连接尚斌路到两幢楼的楼道，设计成尚斌文化长廊，以儒家五常——仁、义、礼、智、信为主题，在教学楼主通道两侧及长廊顶部设置主题浮雕。针对核心文化“彬彬有礼”开展“礼仪教育”，在教学楼各立柱上安装了以“弟子规”“三字经”等为内容的卡通式版画。

这样形成“彬彬有礼”的文化轴线，与尚斌和合之弧线相呼应，形成“尚斌”环境文化的校园整体构架。

（2）“尚斌”室内环境文化

室内文化以普通教室文化为主，以功能教室文化为辅。

①教室文化

教室是学生每天接触时间最多的场所。邵家渡中心校在教室文化建设中体现尚斌理念，每月举行尚斌文化班级布置评比活动，每周利用班队课确定主题开展尚斌文化班级展示活动，有效地形成了班级尚斌文化的建设氛围。在班级中设计尚斌和事圆桌、尚斌书吧、小小和事员，让尚斌文化突显价值。

尚斌和事徽标

②尚斌书院

图书馆是学校文化的浓缩场所，邵家渡中心校依据尚斌文化对学校图书馆进行改造，形成开放式的“尚斌书院”。

邵家渡中心校尚斌书院

利用书院开展丰富的师德教育、经典诵读、文化沙龙、亲子共读、自由阅读分享等活动，通过活动达到传承与弘扬学校文化的目的。

（3）尚斌媒介传播文化

媒介传播文化也是文化的一部分，可以作为环境文化的一部分进行建设。媒介传播文化与校园环境文化交融交互，包括看得到、听得见的传播媒介文化，以尚斌文化为例，包括了“吉祥物——和娃；校歌——《尚斌之歌》；校刊——《尚斌之语》，每学期出一期；校报——《尚斌学报》，每学期出一次；微信企业号——尚斌公众号”等媒介文化。也包括学校制作的展现学校文化自信的宣传片《与你，一起书写生命的印记》，向全市播放，宣传学校成绩，传播学校文化。

3．形成弘扬文化的学校课程

（1）形成围绕“尚斌”文化的课程规划

学校文化弘扬要入心入境，要通过课程来实现。如何基于学校核心文化整体设计学校的课程纲要，我们首先从课程规划入手。

以尚斌文化的课程设计为例，基于学生六年的整体学习，传承学校发展的历史文化，形成“乐学致知、修身明礼、博艺知趣、健体强魄”的“尚斌”目标体系，并以此整体设计尚斌课程。

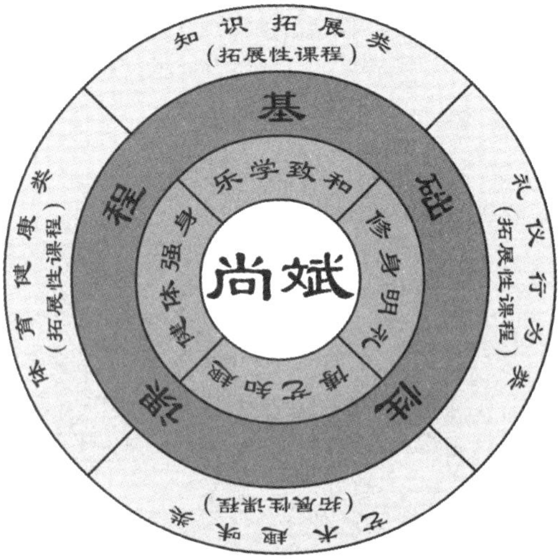

尚斌课程规划设计图

（2）形成“尚斌”文化弘扬的拓展性课程

依据学校核心文化制订的学校课程规划，需要落实到课堂上，落实到学生的学习中，这需要从拓展性课程与基础性课程建设入手。

以尚斌课程设置为例，结合“尚斌文化”的核心育人目标，科学设置拓展性课程的内容，有序开展拓展性课程的实施，明确实施拓展性课程与弘扬学校文化的有效途径。围绕知识拓展、礼仪行为、艺术趣味及体育健康四大类整体设计拓展性课程，针对育人目标设计课程内容，形成低年级“发现课程”与高年级的“发展课程”的内容。详见邵家渡中心校拓展性课程设置与课时安排。

邵家渡中心校拓展性课程设置与课时安排

课程（年级/课时）			一	二	三	四	五	六	备注
乐学致知	拓展阅读	绘本阅读	0.5	0.5	1.5	1.5	1.5	1.5	三至六年级选课走班
	经典欣赏	古诗诵读							
		经典诵读	/	/					
	益智游戏	益智扑克	0.5	0.5					
		玩转七巧板							
		魔方小站	/	/					
		机器人	/	/					
		趣味数学	/	/					
	地方课程	人·自然·社会	1	1	1	1	1	1	分班进行
		信息技术							
		家乡临海	/	/					
修身明礼	少先队活动课		1	1	1	1	1	1	分班进行
	礼仪育人		0.5	0.5					
	社会实践								
健体强魄	传统活动	篮球	1	1	1.5	1.5	1.5	1.5	三至六年级选课走班
		足球							
		乒乓球							
		羽毛球							
	特色活动	板球	0.5	0.5					
		跆拳道							
		陀螺							
		武术							
		跳绳							

（续表）

课程		年级/课时	一	二	三	四	五	六	备注
博艺知趣	拓展美术	儿童画	0.25	0.25	1.5	1.5	1.5	1.5	三至六年级选课走班
		科技动画（电脑作品）	/	/					
		手工制作（劳技）	/	/					
	文艺创新	声乐、舞蹈	0.25	0.25					
		越剧清唱	/	/					
		器乐、合唱	/	/					
	棋术博弈	跳棋、象棋	0.25	0.25					
		国际跳棋、国际象棋	/	/					
	书法	铅笔、毛笔	0.25	0.25					
		钢笔、毛笔	/	/					

备注：1. 一、二年级为接触性拓展，上课地点一般为本班教室，两年时间完成总课时即可，编排时可分学期集中或按节次轮流举行；2. 三至六年级为选择性拓展，进行选课走班形式，每学期选择一次；3. 三至六年级选课走班课程实行“三选二”方式，即三个板块选两个板块的两门课程。

（3）形成“尚斌”文化弘扬的基础性课程

在小学课程表中，三至六年级有12门课程。课程门类多，课程目标、内容重复交叉多。学校将这些课程划分成四个模块，即语言与生活类（语文、英语、品德）；数学与科学类（数学、科学）；体育与艺术类（体育、美术、音乐），综合与特长类（信息技术、综合实践、地方课程、校本课程）。虽然每个模块每门学科都有各自的教学目标，但各学科目标之间是交融的，可以进行同一模块学科间的整合。针对各学科教科书中交叉的学习内容，可以通过合并相似模块，删减重复内容，归并相近题材，借鉴相关素材进行整合。

4. 弘扬学校文化的学生日常行为

学生在学校的日常行为应有其文化特质，这是学校文化能否传承与弘扬的核心因素。其路径是找到学校文化的最核心特质，并转化成学生日常行为的目标，成为学生日常行为准则，再通过各种活动课程的开展、日常行为的训练，培养学生具有学校文化特质的学子。

以“尚斌”文化为例。“斌”在《现代汉语词典》中的本意同“彬”，尚斌既有“文武兼修”之意，更有“彬彬有礼”的成“人”之意。因此，把“彬彬有礼”的学子培育作为学生日常行为准则，开展争做“斌质学子”活动，规范学生的日常行为。

（1）有学校文化特质的学生行为目标体系建构

邵家渡中心校以“乐学致知、修身明礼、博艺知趣、健体强魄”为培养目标，基于六年的整体时段确定每年培养的年段目标，形成具体的培养标准，从而形成“尚斌学子”培养目标体系。将“尚斌学子”按“彬质学子”与“斌质学子”进行细化，形成日常行为评价细则，以评促目标的达成。“彬质学子”以学生日常行为习惯养成为主，包括就餐文明、行为文明、课间文明、交通文明等；“斌质学子”以阅读素养、才艺素质、学习力三方面进行量化评估。在评估时以“合格＋特长”的方式进行考核，合格由学校统一制订目标，达到标准即可，特长是在其基础上选择一项日常行为习惯与一项才艺作为加分项。

（2）有学校文化特质的学生行为目标达成序列设计

有目标还需有目标达成的活动序列，邵家渡中心校依据学生培养目标，对应设计“尚斌德育”的育人序列，形成一连串有关联、有系统的活动课程。以“彬质学子”为例，以“自己的事情自己做”为目标，制订《邵小彬质学子——自理小能手评比》制度，确定一、二年级课桌整理，三、四年级教室整理，五、六年级生活自理的评比序列。以“做彬彬学子，展邵小风采”为目标，制订《邵小彬质学子——文明礼仪评比》制度，包括一、二年级见到长辈要问好，三、四年级会正确使用礼貌用语，五、六年级能正确知晓待人接物的基本知识并具备相应的能力。

四、“尚斌”文化传承与弘扬的成效与再思考

（一）“尚斌”文化传承与弘扬的成效

通过这几年学校文化的传承与弘扬的实践探索，形成了以“尚斌”为核心的环境文化、课程文化、制度文化、班级文化，开展了丰富多彩的尚斌讲堂、和事员活动，建成了尚斌书院，开发了学校课程，形成了可操作性强、富有推广价值的学校文化弘扬的路径。

1. 有效提升学校的美誉度

弘扬与传承学校优秀文化，使学校的核心文化得以挖掘与发扬，并以此为动力推动学校各项事业的发展，学校的美誉度不断提升。

（1）提升学校影响力

邵家渡中心校原来是全市相对落后的学校，通过尚斌文化的传承与弘扬，学校的美誉度得到了很大提升，受到了各级领导与兄弟学校的肯定。

首都图书馆原馆长倪晓建、台州市委宣传部部长叶海燕、台州市副市长吴丽慧等十多位领导、专家来校考察与指导，对学校的尚斌文化建设给予了高度评价。2018 年 8 月的《台州宣传专报》对学校尚斌书院在传承文化方面的做法进行了专题报道，叶海燕部长亲自做“和合书院，润物细无声；尚斌书院，传承历史文化”的重要批示。学校的文化建设在台州市电视台、临海电视台、《临海日报》上做了长篇报道，有效提高了学校的知名度与美誉度。更为难得的是学校得到当地老百姓的高度认同，原来的学生外流比较严重，现在此类现象已基本绝迹。

（2）提高学校荣誉层次

学校文化的传承与弘扬，提高了师生的凝聚力，促进了品质办学，从而也提升了学校的美誉度。从 2016 年学校开展“尚斌”文化传承与弘扬的实践研究以来，邵家渡中心校的集体荣誉不但有了量的增加，而且有了质的变化，

多次在地市级做经验介绍。

邵家渡中心校 2016 年以来集体荣誉统计表（部分）

序号	荣誉	主办单位	时间
1	浙江省教职工优秀书屋	省教育工会	2018 年 12 月
2	台州市第二批和合书院	台州市委宣传部	2019 年 3 月
3	台州市 4A 级安全校园	台州市教育局	2016 年 10 月
4	台州市综合治理先进单位	台州市综治办	2017 年 6 月
5	台州市资源教室工作经验介绍	台州市教育局	2019 年 5 月
6	台州市和合书院建设经验介绍	台州市委宣传部	2019 年 2 月

2. 有效促进师生的发展

在学校文化的传承与弘扬中，“尚斌”理念已深入到师生的思想意识之中。随着“尚斌”精神的提炼、“尚斌”文化活动的不断开展，激发了教师工作的积极性，整体提升了教师的道德素养和专业能力，丰盈了教师的敬业爱校和追求卓越的情怀。促进了学生的主动成长，增强了他们的在校幸福感。

学生方面，以文化引领促进学生综合能力的提升，从原来全市相对落后的学校，一跃成为全市的先进学校，成果丰硕。

学生参加各级集体活动或比赛的成绩统计表（部分集体类）

序号	荣誉	主办单位	时间
1	全国板球锦标赛亚军	全国板球协会	2016 年 12 月
2	浙江省中小学艺术节一等奖	省教育厅	2016 年 11 月
3	浙江省小学生男子篮球赛亚军	省篮球协会	2017 年 6 月
4	浙江省小学生男子篮球赛二等奖	省篮球协会	2019 年 6 月
5	台州市地方艺术表演一等奖	台州市教育局	2019 年 5 月

（续表）

序号	荣誉	主办单位	时间
6	台州市中小学生大合唱二等奖	台州市教育局	2019 年 5 月
7	台州市中小学生艺术节大合唱二等奖	台州市教育局	2016 年 5 月
8	市小学生男子篮球锦标赛冠军	临海市教育局	2018 年 11 月
9	市小学生田径运动会甲级队第四名	临海市教育局	2017 年 11 月
10	市小学生大合唱比赛冠军	临海市教育局	2019 年 4 月
11	市小学生地方艺术比赛冠军	临海市教育局	2019 年 4 月

教师方面，以文化引领促进教师教学能力的提升，从原来比赛成绩相对落后的学校，成为全市教师比赛成绩位列前茅的学校，教师比赛的名次与数量均得到较大幅度的提升。

教师参加各级比赛的成绩统计表（部分）

序号	荣誉	主办单位	时间	教师姓名
1	市首届领航名师	市教育局	2016 年 11 月	陈选峰
2	市教坛新秀	市教育局	2016 年 4 月	黄琴春
3	省优秀案例一等奖	省教研室	2018 年 5 月	金　伟
4	市优质课一等奖（两届共 10 位）	市教研室	2016 年至 2019 年	陈安琪、许建业 范霞霞、孙灵敏 马匡英、屈文敏 杜飞飞、徐晓玲 应　俊、张丽丽
5	临海市名教师	市教育局	2018 年 6 月	赵伟军

这一份份沉甸甸的成绩单，是全校师生共同努力的结果，更是传承与弘扬学校优秀文化的结晶。

（二）学校文化传承与弘扬的再思考

1. 学校文化需要根植于人的内心才有效

真正的文化并不单指外在的环境文化，环境文化只是学校氛围文化的一部分。环境文化对学校核心文化的传承与弘扬具有作用，但不起关键作用。对学生文化传承与弘扬起关键作用的是根植于教师内心并流淌在自身血液里的核心精神文化。作为一所已有百年历史的老校，由于百年历史发展的各种原因，学校的核心文化存在中途流失现象，这也是一所老校新建的学校在传承与弘扬文化中碰到的困难。只有抛开学校发展的历史包袱，直接对接建校核心文化，重建立校之魂，才能让学校核心文化重新焕发生命之光。

2. 学校文化传承与弘扬需要长期坚持才有用

学校文化的传承与弘扬并不是一朝一夕就能完成的，需要十几年甚至几十年才能固化。要使学校的优秀文化成为学校发展的核心支柱，需要经历入人心、化为行的过程。这一过程，要先从环境文化入手，借助课程文化的巩固，最后以制度文化来规范，通过文化引领与制度强化相结合才更有效。

参考文献：

［1］中共中央党史和文献研究院．习近平关于“不忘初心、牢记使命”论述摘编［M］．北京：中央文献出版社，2019.

［2］袁贵仁．加强大学文化研究，推进大学文化建设［J］．中国大学教学，2002.

［3］张海．浅谈加强小学校园文化建设［J］．中国校外教育（教研视点），2015.

基于“美丽教育”理念推进学校发展的实践思考

干兴军①

《国家中长期教育改革和发展规划纲要（2010—2020年）》中明确提出：“鼓励教师和校长在实践中大胆探索，创新教育思想、教育模式和教育方法，形成教学特色和办学风格。”学校办学风格可能各异，追求“美丽教育”的愿景始终不变。“美丽教育”旨在教育的目标、举措、结果都体现“赏人之美、展人之美、成人之美”的教育印记，让教育更加美丽是每一个教育者的努力方向，更是一个教育管理者应尽的责任，而责任产生美。对于“美”可能各有所见，但对于“教育的美”却更加凝练，无非“喜欢”二字，特别是师生对学校教育的喜欢。而外在的喜欢毕竟是浅表又短暂的，只有真正感受到自己已成为学校教育的“内在者”，这样才能激发自己对教育产生深层而持久的喜欢。本文正是通过对“美丽教师”“美丽校园”“美丽课程”“美丽评价”等探究践行着“美丽教育”的探索之路。

---

①干兴军，中小学高级教师，时任浙江省温岭市新河镇中心小学校长，其间和团队一起致力于本课题的实践研究。现任温岭市锦园小学副书记。获浙江省春蚕奖、台州市师德标兵、温岭市中青班优秀学员等荣誉称号；获省地市教育成果奖多项，发表数篇论文；曾参与全国德育论坛做主题发言并获好评。在校长任职期间，致力于办一所学生喜欢的学校，做一个学生喜欢的校长，是一个富有教育情怀和办学个性，在学生心目中非常有影响力的校长。

一、问题之“初”

（一）老校中的“老”问题

新河小学是一所百年老校，当地的《温岭日报》曾称其为“寿星学校”，学校有着悠久的历史和深厚的积淀，老校文化非常鲜明。学校文化是一所学校内部形成的思想理念、价值共识、行为准则的总和。学校文化在学校发展中有很多积极的激励因素，特别是在推动学校“按部就班、循规蹈矩”的运行中产生着重大作用。老校“痕迹化”“轨道式”运行特点相对明显，在优势相对明显的前提下也蕴藏着一些“简单模式”的老问题，在学校发展中适度“变轨消痕”相对艰难，所以在学校发展中融入“美丽教育”的思想理念，方能促动、促进学校新的发展。

（二）大校中的“大”问题

新河小学是一所农村的集镇学校，连续扩班至今，目前已成为全市办学规模最大的一所学校。多年来连续的扩班、急剧的扩张使得原本准备不足的学校办学条件“捉襟见肘”，管理与发展倍感艰辛。学校规模的扩充与办学条件的有效、优化供给（教师、场地、教学用房等）矛盾突出，对学校的教师培养、教育教学、安全保障、品质提升都带来了严峻的考验。如何适应“大规模”下的学校管理，促进制度管理与人文管理的融合，形成学校文化需要新的尝试与探索。

（三）发展中的“新”问题

学校办学最关键的因素、学校教育的核心竞争力在于教师素质，现实背景下学校区位优势（特别是地域的经济状况和学校的交通状况）不明显，与周边乡镇相比也缺乏对教师的激励政策，对区域外教师没有特别的吸引力，这对一所本身师资条件一般且不断扩展中的学校极为不利，与同类学校相比，学校“老校新兵，缺将少兵”的现象特别明显，严重制约着学校的发展，这也成了学校发展中遇到的新问题，立足自身培养教师显得尤为重要。新时期下，学校优势条件、优势项目不再明显等。

二、探索之“路”

在系统分析了学校的办学历史和发展现状的基础上，学校展开了“美丽教育”的探索，确定了“因你而美丽”的办学理念（每一个你都是“重要”的，教育要面向全体；每一个你都是“独特”的，教育要尊重个性；每一个你都是“精彩”的，教育要追求发展），突显“有你真好，为你叫好，助你学好，让你更好”的教育思想，让教育多一份“匠心的智慧”“爱心的情怀”和“美丽的感受”。

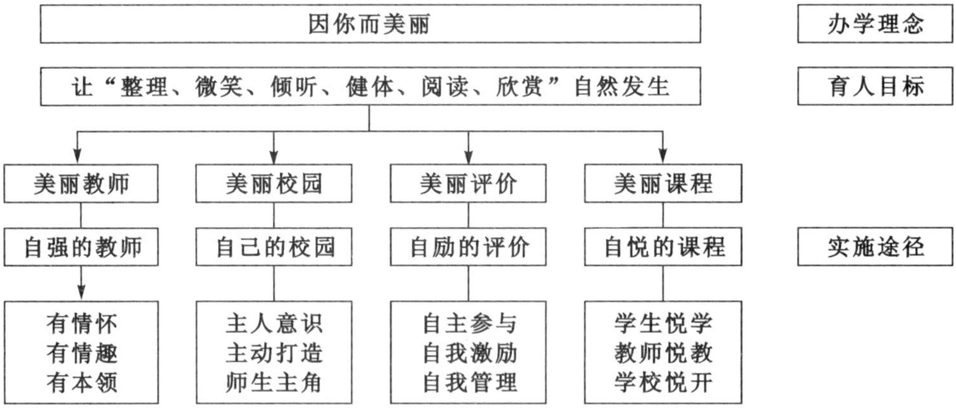

新河小学“美丽教育”实施基本框架

（一）启动“五成”培训模式，打造“美丽教师”

教师是学校办学最具活力也是最为关键的因素，通过开展“你心目中的美丽教师”问卷、座谈、访谈、征文、演讲等确立学校美丽教师形象，达成了“有情怀、有情趣、有本领”的“美丽教师”共识，成功打造了学校“美丽教师”形象。

1. 实施新教师“成长项目”，激发专业进修的激情

学校开展“组团式”的师徒群体结对活动，实施“师徒同课、师徒同学、师徒同评”等组团式培训机制，做到“仪式美、活动实、制度新”，有效地促进了师徒相长。借助师徒结对活动，以一节教案审核、一节课的教学、一天作业的设计和一个人情商的养成等细微处入手，对教龄3年内教师进行职业道德规范、政策法规、新课程标准、教育理论和课堂教学基本功等方面的培训，使教龄在1至5年的教师以微成长来尽快完成角色的转换，在参加工作新时期内树立正确的职业道德观念，熟知教育教学常规，掌握现代教育技术，胜任教育教学工作。在“一对一”基础上是导师团与徒弟组交叉，可以一个徒弟与多名师傅结对，包括校内外各方面的老师。采用自愿组合与学校指定安排相结合，促进其迅速发展，争取在5年内成为镇级乃至市级骨干教师。

2. 实施青年教师“成才项目”，激发专业发展的激情

学校开展“磨课式”的激情研讨活动，以教研组为研训团队开展“一课三磨”专题研训活动，互帮共学打造“美丽课堂”，促进青年教师成才。学校制订《新河小学“美丽课堂”实施指南》，以“美丽课堂”推进“美丽教育”，以“美丽课堂”促“激情研讨”，以“激情研讨”促教师激情发展。从“五声”的视角出发，围绕“美丽课堂教学评价指标体系构建”展开。在教研课分析、研评的基础上，关注“无声、心声、笑声、掌声、质疑声”五个视角，从侧重点、关注点的不同角度，构建了“美丽课堂”教学评价指标体系。开展“一课三磨”活动，促进教师成才。

一磨：磨课教师要根据自己确定“磨课”的课题，收集相关资料，灵活整理，事先写出“磨课”课题的“自创课”教案。同学科教师参与研讨，共同研制形成“首轮教学方案”，完成第一轮研究性上课，组内调整方案。

二磨：邀请专家参与组内研讨，参加听课，采取议课的形式，直面而谈，磨掉“毛刺”。活动后由教研组组长收集起听评课记录，交磨课教师揣摩，磨课教师根据专家及组内的教学改进建议再次调整教学方案。

三磨：邀请同一位专家参与第三次组内研讨（公开教学展示），专家特别针对上次提出的教学改进建议的实施进行分析与指导，再次提出改进建议，并开展针对性的教学讲座。活动后由教研组组长收集起听评课记录，并对亮点和不足进行分类汇总、筛选、编辑。磨课教师对自己本轮“磨课”进行反思，将其中感悟最深、最有价值的认识写成研究文章，形成个人教研成果（如教学案例、教育叙事、教学反思、心得体会等）。

3. 实施骨干教师“成器项目”，激发专业提升的激情

学校开展“协约式”的骨干教师专业提升活动，通过同门互学、伙伴互助、专家辅导等方式携手共进，促进骨干教师成器。精选学校的业务骨干为培训对象，开展“协约式”培训。培训对象与学校签订培训协约，共同履约，促进教师专业提升。牵线搭桥，为学校具有发展潜力的教学骨干配备市内名师为成长导师，参与名师团队的学术活动。外聘市内优秀名师为领衔人，在学校成立工作坊。学校教师在 2017 年温岭市教学大比武中取得 6 个一等奖、4 个二等奖、3 个三等奖的优异成绩。

4. 实施全体教师心理上“成家项目”，激发教师生活的激情

学校开展“休闲式”的教师社团活动，组建多个教师社团，丰富教师的文化生活，激发教师的工作激情，培养教师的工作情趣，营建教师的幸福家园，让教师在心理上“安家乐家”，提升教师的健康指数和幸福指数。比如学校有教师自行组织了“万步群”“亲近自然”，将喜欢运动的教师集合起来，约定每天行万步，相互监督。借此基础上，开展了“太极行”“瑜伽”“健美操”“太极拳”“教工艺术节”等，促进教师间的情感沟通，激发教师的活力与激情，打造和睦相容的教师家园。学校的元旦同台乐、五四教工文艺晚会、妇女节、教师节的暖心设计都让教师们觉得心里暖暖的，甜甜的。

学校教工在温岭市教职工文艺会演中获“出色表演奖”，温岭市教职工艺术节“优秀组织奖”等，取得了市级教工评比的“大满贯”。

5．实施全体教师修养上“成品项目”，激发教师事业的激情

开启“浸润式”的教师“心灵之旅”，让教师们在不一样的师德体验中激发对事业的激情，让原本单调的师德培训也更有意义、更有意思。让教师们在美中体验、美中品味、美中激励，展现学校教师良好的品行风貌。学校自己编印笔记本——《笔迹》，非常唯美，非常暖心，所有的图片、文字、设计、创意均出自学校之手，被誉为最美、最暖心、最抢手的笔记本，一本唯美的笔记本就成为展示、交流、提升学校教师师德师品的经典举措，让师德熏陶就在《笔迹》中，就在身边，融“德”于“心”，寄“情”于“新”，让教师感觉美到心里，融进情里。在教师中开展我爱我校“诗歌征集”活动，合成一本融于学校情感、融于教育情感的“力作”——《美迹》，美美在心，琅琅在声，久久在目，用心地打造着教师的师德文化，师德师风建设。学校开展了富有创意的美丽教育方案征集活动，让教师们精心地为学校的发展思考、分析、提炼。近两年，学校有两位教师获省春蚕奖，一位教师获台州市教育突出贡献奖，学校荣获温岭市教育（感动群体）提名奖。

（二）体现“五主”建设理念，打造“美丽校园”

美丽校园打造工程从学生的视角出发，引发学生的关注和参与。在创建过程中，学生是直接的参与者、创造者，是主力军，如照片墙的设置，学生各类作品的展示，童趣童味的追求等，这些校园环境是给学生创设的，学生说好才是好，唯其如此才能让学生在校园中找到主人翁的感觉。希望学生能在校园中感知到新河小学的“印记”，从长廊的布置，假山池形状的选择，一草一木的栽种，一石一椅的陈设，都显现出学校特有的历史文化传承。

1．体现“师生为主角”的建设理念，打造“自己”的“美丽校园”

学校“师生的作品”是校园文化最基本的组成部分，人到学校的办学理

念，小到学校的一句提示语都出自师生之手，墙壁、走廊、台阶、花坛、拐角、井盖都布置着师生作品，校园处处都是师生的作品。如学校“澄心楼”二楼用学校教师关于家乡美景的摄影作品，配以学校学生的一段美文注释来布置，在家乡的美景、老师的摄影、学生的美文中真切感受家乡的美丽，充分体现“赏人之美、展人之美、成人之美”的校园文化建设理念，让校园更有亲近感、更接地气。

2. 体现“服务为主导”的建设理念，打造“暖心”的“美丽校园”

为学生服务的校园才是最美的校园，根据学生的提议来打造“美丽校园”是学校最大的特点，“美丽校园”变成“实事工程”。根据学生的提议在北校门口设置了接送等待区，给了孩子一片“遮风挡雨”的心灵港湾，有电话、有桌凳，更有一句暖心的提示语：我是一个懂事的孩子，我在这儿静静等你。根据学生的提议在南校门设置了休闲桌、遮阳伞，让孩子可以体面地吃早餐，开心地阅读，舒服地等待，更有一句温馨提示语：有我在，这儿一片干净！根据学生的提议在学校建立了 8 个书吧，添置了新书，为孩子提供了更好的阅读空间；根据学生的建议学校厕所为学生配置了卫生纸盒，每天配放卫生纸，为学生服务，学校也成为第一所每天为两千多名学生提供卫生纸的学校等，这些都是学校“美丽的风景”。

3. 体现“过程为主要”的建设理念，打造“活动”的“美丽校园”

学校特别关注美丽校园的建设过程，更加凸显“过程”的意义，不怕麻烦，逐步添置，驻点建设，让孩子每天到学校都发现学校有所变化，有时觉得新鲜、惊奇。如学校有片墙壁设置了美文共赏板块，学生作品均已制作好，但不是图方便一块儿布置上去，而是不厌其烦地每天布置几篇，让孩子感受这片墙壁上的作品经常有变化；又如学校小天井设置了“最美词语”板块，让孩子们把心中最美的词语写在“图形板”上，再看着孩子们“笨手笨脚”的亲手贴上去，这个过程虽然麻烦但是很有意义，我们很看重这样的过程。

4. 体现“学校为主人”的建设理念，“自己”打造“美丽校园”

把学校当作校园文化建设的主人，自己来打造“校园文化”，自己思考、自己设计，甚至自己动手来建设校园文化，不做“甩手掌柜”。如学校自己设计、自己拍摄、自己制作了非常有意义的“毕业相册”。

5. 体现“自然为主调”的建设理念，打造“清新”的“美丽校园”

校园山水相间、自然相衔，着力打造了清新自然的“美丽校园”。学校的历史文化墙、校训长屏、荣誉墙、龙山石、大风车等布置都很清新独特，富有韵味。

（三）构建“五美”课程框架，培育“美丽课程”

学校从“课程美丽”和“美丽课程”两大主线推进课程建设，“课程美丽”重在实施好各类课程，确保课程实施的效益和品质，“美丽课程”重在拓展类校本课程的规划、设计和实施。在综合分析校本实情和教育思考的基础上，学校构建了“五美”课程框架。美丽课程的设置原则是能促进学生核心素养提升，且学生、教师喜欢，学校有条件开设。

1. 探索“球美课程”，提升体质素养

学校曾是浙江省体育传统项目（乒乓球）学校，也曾是奥运冠军吕林的母校，学校也是少儿排球的基地学校，学校以乒乓球、排球为带动，与体育学科教学结合，并进行拓展实施“球美课程”，将球类教学融入课堂，开展更为丰富的球类教育。以年级为单位，从体育课中安排每周1课时，配备专业教师，专门学习一项球类活动。一年级以玩各种球类游戏为主、二年级乒乓球、三年级羽毛球、四年级排球、五年级篮球、六年级足球，使各种球类的基础知识、技能和规则得到普及，从而形成学校的“球美课程”，使孩子在学习球类的过程中，找到自己的兴趣所在，培养自身的特长，促进体质健康发展。

2. 探索“艺美课程”，提升能力素养

学校是乡村少年宫，“乡村少年宫”活动作为一个独特的综合实践活动平台，它坚守着学生的立场，始终“贴着学生起飞”，为学生搭建起享受快乐、体验成长、完善自我的“阳光地带”，给学生撑起了健康成长的一片蔚蓝天空。“贴着学生起飞”是一种诗意的表达，实为从活动内容的自主选择，开放又合作的学习形式，到回归生活的学习方式，以及技巧性评价与多元化评价相结合，真正将学习过程中的主动权交还给学生。既让学生可以根据自己的兴趣、需要、动机、能力自主选择，亲身参与，体验实践，又让学习贴近学生的成长与发展的需要，搏一技之长，在少年宫活动这一方天地中能够自由飞翔。结合少年宫活动课程，从“文艺、棋艺、厨艺、技艺、琴艺、科艺、歌艺、陶艺、纸艺、创艺、武艺、戏艺、墨艺、画艺”等才艺方面开设了60项社团课程，形成了学校全员参与、自主选择、全面普及、综合展示、多元评价的“艺美课程”。学校为“艺美课程”的实施建立了以“栖云楼”为主要阵地的活动场地，同时辐射各个活动场地，各类功能教室。比如在“栖云楼”这一幢双层建筑上，我们建立了24个“艺美课程”专用功能教室，其中包括“快乐制作”“手工作坊”“航模探究”“剪纸艺阁”“迷你陶吧”“筝声悠悠”“欢唱一刻”“浪漫提琴”“定格光影”“纸艺折叠”“烘焙工坊”“创意拼盘”“手工DIY”等各具特色的教室。

总之，基于“艺美课程”的综合课堂是一个开放而有活力的课堂，它以丰富的活动内容和多样化的活动形式，深深地吸引着孩子们在这一方天地中张扬自己的个性，展示自己的风采与魅力。孩子们通过积极主动的参与，在体验、合作、探究、设计、创作、想象等一系列的活动中认识自我，关爱他人，发展自己，“艺美课程”的实施真正为孩子们张扬个性、实现自我、自由飞翔提供了丰富多彩的活动平台。

3. 探索“慧美课程”，提升阅读素养

将阅读、快乐阅读作为“慧美课程”的核心，充分激励、引导孩子们进行阅读，提升阅读素养与阅读智慧。学校开设两周一节的阅读课堂，教导处统一安排，由语文老师在满是书香的阅览室引导、指导学生阅读。分级段开设学生喜欢的绘本、诗词、小古文课程，由教师精心准备，走班上课。诗文是中华民族文化的精髓，是中华民族人文精神的结晶。传承经典诗文，也就意味着解读和传承中华民族的精神和品格。学校将根据语文新课程标准要求，精心选择适合孩子的经典小古文、唐诗、宋词、元曲、现代诗编印成册发到每个学生手中，将每天的晨读、语文课前 3 分钟定为诗文诵读专用时间，保证每个孩子每学期至少积累 10—15 首（段）经典诗文，并将经典诵读与“美丽评价”相结合，激发孩子们诵读。学校开设“阅读节”，开展阅读推荐、经典诵读、最美诗词、美文共享、阅读演讲、课本剧、讲故事、阅读打卡、亲子阅读、名家讲坛、阅读辩论、趣味阅读等丰富多彩的阅读活动，让阅读成为一种习惯，让学生沉浸在书的海洋里，陶冶情操，增长知识，促使我们的孩子养成阅读的好习惯，为孩子们的成长奠定坚实的基础。

4. 探索“品美课程”，提升人文素养

学校将《道德与法治》和班队课进行了整合，设置了美心课，孩子非常喜欢。学校的美心课分长课“演与行”（60 分钟，在老师指导下以学生活动体验、演练展现、团队实践等主题活动形式展开）；短课“赏与悟”（20 分钟，让孩子静静地欣赏老师准备的经典故事、经典视频、经典图片等，让孩子在欣赏经典中感悟，让经典浸润心灵，让经典震撼人心）；常规课“文与修”（40 分钟）。长短课结合，集体备课，资源共享，灵活实施。

学校精心编印了成长手册《足迹》，作为成长课程的记录本，作为孩子学习、生活、成长的记录本，整本手册充满了激励，有“用准备创造好习惯”“在这里许下诺言，开启神秘旅程，留下美丽足迹”“为自己画一个梦想”“做好计划，离成功就更近了”“用准备创造美”“相信自己，坚持就是一种美”“工工整整一行字”“自评听说读写行”“今天的足迹”“记录感想”“美丽保存”等板块。翻阅手册，记录足迹就是默默地“人与本的对话”，

《足迹》是激励孩子成长的一道风景线。

学校设置了“德育经典墙”，以图文的形式撷取了古代的43个道德典故予以镌刻，成为学校一道特有的“美育课程”，让孩子在欣赏典故、演绎典故中汲取精神食粮，滋养精神长相。

5. 探索“游美课程”，提升综合素养

学校利用地域条件开发了以“玩转新河”为主题的“游美课程”，编制了手绘版的《新河游览地图》，《基于地域文化游美课程的开发研究》获温岭市教育科研优秀成果一等奖。“童玩”乡土文化体验课程构建生动、丰富、满足学生成长需要的课程内容，连接课堂与生活，在玩中探究，在玩中释放童趣与灵动，在各种活动的实施中，锻炼学生各种技能，玩出智趣和志趣，让孩子们在玩中解放天性，玩出好奇探究，玩出广袤视野。新河区域范围内有这么丰富的人文、科技、自然等乡土资源，应充分发掘这些本土资源，并进行有效开发与实施。让学生置身于百年、千年前的文化空间，倾听文物古迹叙说的故事，探索它们见证的历史、科学、艺术价值。在确定课程专题群之后，再选择具体的内容，紧扣“童玩”，设计相关教学游戏活动和探究体验活动，在文化上做内涵，在体验上做文章，构建“童玩”乡土文化体验课程群内容体系。

故乡情怀之史俗文化

活动主题	课程主要内容与活动形式		
	活动名称	活动板块	活动的主要形式
主题一：英雄情怀	追寻戚继光	1. 设计戚继光抗倭路线图 2. 寻找新河的“戚继光” 3. 探究戚家军的“兵器库” 4. 探究戚继光“战地旗语”	实地参观游览 搜寻抗倭路线 玩抗倭棋 设计军刀 探究旗语
主题二：人文情怀	寻访戴复古	1. 屏石故地游 2. 寻访新河的“戴复古”（林崇增）	学创古体诗 致信纪念祠

（续表）

活动主题	课程主要内容与活动形式		
	活动名称	活动板块	活动的主要形式
主题三：古建筑情怀	探秘古桥之闸桥群	1. 地形地貌的探究 2. 闸桥原理的了解 3. 闸桥群和朱熹	实地参观游览 游戏：手指抬人 我为文保献一计
	探秘古桥之寺前桥	1. 微信平台的知识学习：桥的历史 2. 小组活动的科学探究：桥的构造	实地参观游览 纸张承重力探究游戏 写一写，画一画桥
主题四：工匠情怀	走进市名企：美机	1. 科技美机 2. 创业美机 3. 诚信美机	实地参观采访 缝纫技术大比拼 我是小小创业家

故乡情怀之校园文化

活动主题	课程主要内容与活动形式		
	活动名称	活动板块	活动的主要形式
主题五：校园情怀	我与学校有个约会之乡村名校	1. 任务驱动，游览新中 楼：解放楼的今与昔 塔：文笔塔的故事 园：如园的传奇 师：先生之风的由来 2. 角色体验，专项活动	实地参观采访 设计“跑男”“跑女”路线图 玩转“跑男”“跑女”
	我与学校有个约会之百年名校	1. 龙山漫步 2. 龙山少年宫活动体验	漫步龙山历史长廊 写、画、颂“我心中的百年名校” 活动：我为学校献一计
	我与学校有个约会之省示范学校	1. 立体感知 2. 地震馆模拟演练	实地参观采访 游戏：地震知识知多少 模拟历灾体验游戏

故乡情怀之石文化

活动主题	课程主要内容与活动形式		
	活动名称	活动板块	活动的主要形式
主题六：山水情怀	石文化寻踪之旅：走进长屿硐天	1. 地质长屿——“银灰岩”知识探究 2. 美丽长屿——感受石景和石雕 3. 人文长屿——“文圣洞”儒学熏陶	实地参观游览 找温岭岩石 玩温岭“石雕” “文圣洞”半日游

故乡情怀之水文化

活动主题	课程主要内容与活动形式		
	活动名称	活动板块	活动的主要形式
主题六：山水情怀	倾听水的声音 亲近水的世界	1. 再寻金清一条街，亲近金清江 2. 走进自来水厂 3. 探究江河污染原因 4. 探讨改善水资源的方法	实地参观采访 查寻关于金清江的水源材料 探究污染源 保护母亲河——金清江的倡议

学校探索以“体验、实践、乐玩、创新”为重点的实施形式，着重引导学生自主合作地探究实践，多学科交叉体现知识和技能的综合运用，科学掌握学习过程和方法，在实践中获得体验，获得成功，由此体现特色课程的新价值。

活动流程	教　师		学　生		家　长
活动前的准备	1. 创设情境，提供活动主题	→	1. 确立活动主题	←	鼓励孩子，尝试挖掘探究的题材
	2. 帮助学生一起梳理问题，指导搜集资料的方法，引导学生确立具有可行性的探究内容	→	2. 搜集活动主题资料，提出自己的疑问，以及深入探究的内容	←	提供咨询，给予建议
活动时的操作与实施	1. 提供活动的线索	→	1. 根据老师的线索图引，设计活动的路径	←	给予建议
	2. 协调组织形式，指导合作分工	→	2. 提交活动路径，确立活动组织的形式	←	提供咨询和建议
	3. 审视计划的周密性与可行性，给予相应的指导	→	3. 制订初步的活动计划和方案	←	提供咨询或外出实践的后勤保障
	4. 监控学生的活动，给予督促、激励和引导	→	4. 展开实践体验活动	←	关注活动进程或参与活动的实施
活动后的成果展示与评价	1. 组织交流，评价学生的活动成果	→	1. 交流活动成果	←	欣赏孩子的活动成果
	2. 提供学生反思的途径，反思自己的指导策略	→	2. 反思活动历程，进行星级评定	←	指出活动的优缺点，为活动提供建议

（四）实施“五彩”评价机制，实现“美丽评价”

1. 实施“升级兑换”的美丽评价

学校设置了非常精美的美丽券、美丽卡、美丽勋章，通过积分兑换的形式鼓励孩子不断地进取。“美丽券”是基础券，获得10张美丽券后可以兑换美丽卡，美丽卡又分七个等级（红橙黄绿青蓝紫），逐级兑换，最后兑换美丽勋章。美丽券、美丽卡、美丽勋章均设置了“美丽值”，设“美丽单”换算美丽值，设“美丽榜”以行表彰。

2. 实施“定项多元”的六会评价

围绕学校的培养目标——让“整理、微笑、倾听、健体、阅读、欣赏”

自然发生。实施了“六会评价”，制订了六会评价手册，精心设置评价内容、评价标准、操作办法，让评价就在孩子的身边，人人都是考核者，人人都是协助者，人人都是监督者，让同学、班干部、所有教师、家长都参与到评价中，突出过程鼓励，突出多元参与。

3. 实施“灵活便捷”的赠券鼓励

学校设有电影券、赠书券、阅读券、展示券等多种鼓励券，获得电影券可以邀请朋友一起看电影，获得赠书券可以到校长室凭券领书，凭阅读券可以自由借书阅读不受任何限制，凭展示券可以获得一次全校性的展示机会等，这些券对孩子非常具有诱惑力，实施也非常便捷。

4. 实施“表扬直通车”，实现“喜讯到家”

“美丽教育”的实施让教育因创意、快乐、用心而更加美丽，美丽教育努力实现着学生的“美丽一天”，让孩子在学校的一天快乐、有意义、有意思。清晨，家长义工、校长在校门口用微笑迎接孩子入校，校长、值日老师会用镜头记录、表扬琅琅诵读的同学和班级，每次晨间谈话注重细节，富有创意且暖心，如校长会在晨间谈话时请在校园捡纸屑的同学，会“偷偷”将学生的书画作品装裱好并请孩子的爸爸妈妈给孩子颁发这种特殊的奖品，课间活动时，校长会突然来班级领跑，会将孩子的好建议“连名带姓”布置在校园的角角落落……经常让孩子们感到许多突如其来的惊奇、惊喜，留下童年难忘的记忆和精彩。美丽教育让很多人记录着“美丽一得”，学校“因你而美丽”!

三、成效之“美”

学校践行“美丽教育”，给教育注入、培育“美丽因子”，使学校的“精神长相”更加出众、出彩。一所学校找到适合自己的“教育思想”很难，形成适合自己的“办学风格”也很难。在“美丽教育”的探索与实施中，我校初步形成了“美丽教育”的思想体系。

学校践行“美丽教育”，旨在给学生、老师、学校、教育注入、培育“美丽因子”。我理解的“美丽因子”即“精神长相”，每一个人、每一个班级、每一所学校都有她的“精神长相”，践行“美丽教育”就是为了她的“精神长相”比原来更加出众、出彩。一所学校找到适合自己的“教育思想”很难，形成适合自己的“办学风格”也很难。在“美丽教育”探索与实施中，我校初步形成了“美丽教育”的思想体系。

思想：赏人之美，展人之美，成人之美

思念：因你而美丽

精神：用准备创造美

愿景：知行唯美，动静相宜

策略：美丽一景、美丽一得、美丽一课、美丽一天

美丽教育的思想、精神、目标、项目、策略等渗透到学校的文化和师生的行为中，“美丽教育”是一种思想，更是一种行动，基于行动推进的“美丽教育”使得学校发生了诸多的“美丽变化”，也给师生、家长留下了很多的“美丽印迹”。学校被评为温岭市首批美丽校园、快乐校园，获温岭市教育局（感动群体）提名奖。

（一）美在教育的创意中——突破“惯性思维”

教育就怕机械简单的重复，学校和教师的“惯性思维”“惰性思维”制约着学校的内涵发展和品质提升。通过“美丽教育”的实施，重分析、重探索、重改进，使教育更有活力，更有新意，更有意义。如学校的开学典礼、毕业典礼的设计都让人记忆犹新，印象深刻。

（二）美在一日的行动中——提升“一日品质”

分析教育节点，设计一日流程，实现“美丽一天”。清晨“美丽岗”让校门口有着不一样的风景，让一到校的孩子有着不一样的心情；晨间的入室即读、晨读点赞，大课间的全员出动、师生共融，就餐的光盘行动，课间的童声传递，放学的路队展现等都在优化、提升着一日品质，校长、老师、同学的“美丽一得”也让学校的一日充满了欣赏、点赞的正能量，提升了学校的“精神长相”。

（三）美在师生的参与中——调动“参与热情”

学校通过教育方案征集、提案致谢、美丽倡导等多种途径激励师生建言献策，让师生提建议成为校园常态，让落实建议成为管理者的常态，学校很多活动设计、校园文化布置都来自师生的提议，形成了“自上而下、自下而上，上下结合”的工作模式，师生因建议得到了重视、变成了现实而兴奋，学校因为建议得到了落实，解决了问题而发展。

（四）美在校园的文化中——深化“校园印象”

从学生的视角出发打造了美丽校园，引发学生的关注和参与，在创建过程中，以展现学生的成长、风采为主，尽可能给学生搭建展示平台，让学生在校园中找到主人翁的感觉，且突出校园文化布置的动态过程，让孩子感受到校园每周有变化，让学生能在校园中感受“成长印记”，独特的校园文化多次在媒体中予以报道。

（五）美在课程的实施中——打造“课程魅力”

学校探索实施球美课程、艺美课程、品美课程、慧美课程、游美课程，设计了长短课，采用了学生走班、教师走教等组织模式，突出实效，凸显了课程的魅力。学校开设的“美心课”在市德育会议现场观摩，艺美课程（少年宫课程）多次承担了各级会议的现场观摩，游美课程的设计获温岭市教育科研优秀成果一等奖。

（六）美在教育的情怀中——彰显“教育精神”

百年大计，教育为本；教育大计，教师为本；教师大计，师德为本。“美丽教育”的实践和实现特别需要教师的教育情怀和教育精神，学校通过校长、教师、学生“美丽一得”的载体进行相互间交流、交融，让师生处于职业的感谢、感动、感悟中，让师德教育更接地气，凸显底色，更有底气。

美丽一得【2月20日】

开学第一辩：努力与能力相比，哪个更重要？因“辩”而美丽！学校制订规则，组织、引导学生参加辩论，学生抽签确定主席、正反方辩手、评委及点评人，自编自导自演，虽稚嫩但有模有样，偶尔激辩及点评也有板有眼，学校搭台、学生准备、全校展示，既是很好的语言积累、表达和运用，又是团队的磨合与协作，更是给孩子的童年留下一道“美丽印象”！一场新的辩论，一次新的尝试给了教育一道新的景色！感谢为此次首辩付出努力的老师们、同学们，因你而美丽！

微信上看到了五（7）班的寒假作业展示，简单朴素的风格主线，却又很好地记录、交流、展示着学生假期的历程与感悟，是学习的拓展与延伸！

为了创编好学校版的“戚家拳”，为了开设富有新河地域特色的阳光课间，为了“强身健体”的目的及隐含德育主题，金海龙这两周都在看《戚继光》，一张“新河军营”的截图特感慨和震撼，“小帅”真用心！

美丽一得【2月21日】

晨间活动，看到越来越多的老师们加入到O型跑中，真好！慢跑、走路都是很好的锻炼，锻炼的习惯是美丽的习惯，是人一生最重要的习惯，贵在坚持。另外，老师跟着学生或是带着学生一起跑，学生更是兴趣盎然。老师带着童心参与学生活动是师生情感最好的融合剂，能更好地润泽师生关系，缩小彼此间的心理距离，也更容易影响、改变学生，贵在童心，贵在参与，因你而美丽！

在QQ群中，我发现了很多“美丽现象”，特别是经常看到老师们在QQ群及时提醒学校存在一些安全隐患、安全现象，老师遇见即有责任，责任产生美！偌大的家庭，众多的孩子，需要我们一道用心“呵护”与“照料”，因你的一份提醒就会减少一份意外的风险，因你的一份爱心就会增添一道美丽的风景！感谢老师们的提醒和谏言！此刻，也让我想到级段长例会大家所提建议以及建议实施后带来的美丽改变，也让我想到代表们所提的提议，以及因为个人近来事务的原因还没能及时地开始提案致谢，请予谅解！周一升旗仪式我布置了学生版的校园诗歌征集评比（扩音设备故障，可能布置得不是很清晰），周二，在我办公桌上就出现了一份作品，是三（8）班江雯倩同学的作品《美丽校园我爱你》，鼓励孩子写，给她们增添写的乐趣是一件很有意义的事！在2月21日的《温岭日报》版面意外地发现我们学校四（8）班瞿俊杰孩子写的《两会，我来了》，给了我一份意外的惊喜，请指导老师吴船老师、班主任莫灵江老师多多予以表扬和鼓励！下周一的升旗仪式，我会为这两个孩子颁奖的！也希望老师们多多鼓励孩子将美丽一得、校园诗歌、校园绘画、优秀习作交给我，我不怕麻烦，这是一份“美丽的负担”。

美丽一得【2月22日】

体艺馆工程顺利开工，今天是桩基检测。整个上午设计、勘探、监理、基建、业主在一起共同商议，就工程程序、质量、安全进行了探讨，希望各班加强学生安全教育，教育学生禁入施工场地。因为施工也影响到周边的群众，但教育是公益事业，大家都给予了充分的理解和支持！因支持而美丽！

美丽一得【2月23日】

今天天气特冷，但心里很温暖，原因有三。

镜头一：早上第一节，和潘伟伟校长一起巡课，一致感觉课堂的氛围、学生的状态很好，美丽课堂（动静相宜）的感觉越来越明显，特别是好多班级的学生，已明显感觉进入甲级学习状态。课堂教学、教学氛围、学习状态是学校的“核心地带”，要持之以恒，常抓不懈。

镜头二：冷风中，督查、值周、值日，德育处、保安和老师们一同管理着学生就餐，大家看着、陪着、管理着学生就餐，这就是温度。特别是看到杨叶峰老师从底楼到二楼再到三楼一层层、一间间地管理着学生就餐，为小伙儿午餐期间粗中有细的尽责值日点赞！但也因看到一个班级就餐没有带队，学生们往一个门口挤而担忧！雨天，一定要特别留心学生的午餐管理！

镜头三：中午在最大的餐厅，看到三（2）班的两个孩子一人一边把门帘拉住，让就餐队伍顺利通过，我问她们是老师让你们这么做的还是自己想到这么做的，回答是她们自己想到这么做的，我真为这两个孩子点赞，为培养出这样优秀品质孩子的老师、家长点赞！

镜头四：在雨中走着，突然走过来一个二（5）班的女孩，对我说：“校长，快走，雨中会淋湿身体的！”孩子真棒！

美丽一得【2月24日】

近几天气温较低，中午在餐厅前巡查学生就餐时，好几个学生贴心地说："校长，这么冷您就别在外面冻着"，也经常遇到老师说道："校长，穿这么点衣服不冷吗?""美丽的问候"让人倍感温暖，同事间、师生间、学生间有时很需要这样的"美丽问候"。感触之余，也想到上次因新教师课堂教学考核回到泽国二小，细雨中在操场转转看看时，一个学生送来一把雨伞……教育者，积累不了什么物质财富，我们积累更多的可能就是类似这样的精神财富，这精神财富就是情景中偶尔不自觉回想起的那些"美丽念想"。

美丽一得【2 月 27 日】

今天，收到了好几个老师传递来的信息：大型工程车在学校里这样通行存在严重的安全隐患，感谢大家的及时提醒！学校也再次跟工程队联系，并要求大型工程车在学校通行必须要安排专人在前面引导。下午开会因为教师们的配合特美，因为守时（准时开会），因为守则（不玩手机），因为敬德（倾听），希望每次都如此，胜如此！更希望在学校盛开美丽的"倾听之花"，倡导＋坚持也必将结出丰硕的"美丽之果"！

美丽一得【2 月 28 日】

上午，参加新河镇文化艺术节联合会，没有文艺特长的我皆因学校文化艺术人才荟萃而忝列镇文联。会前会后，大家对学校诸多重量级文化艺术人才的会聚赞赏有加。五个文艺节目的展演学校占了两个。李沁书古筝演奏的《雪山春晓》（音乐舞蹈专业委员会推荐）很是精彩。陈素琴老师代表文学创作专业组朗诵了自己创作的文学作品《似水流年，怎敌它梅花如眷》，深深地感染着新河镇文艺界的朋友们。艺术的美、情怀的美"美美交织"。

下午，《温岭教育》推送了我的"美丽一得"，引来如潮好评，感谢大家的敬业奉献为我提供的"美丽素材"，因你而美丽！美丽教育，你的美丽期许也许正影响着孩子朝着美丽的方向发展，有时显性，有时隐形，有时……

美丽一得【3月1日】

早晨，在校门口巡查，在和学生的互相问好声中感受着晨间孩子的满脸笑意。其中，一个手捧着绿色植物的孩子引人关注，交谈中知道他是四（1）班的孩子，他想为班级增添一份绿，孩子能有这种为集体善意着想的做法是很可贵的，让我们倍加呵护和鼓励！午间，六（2）班的两个孩子找到我反映了一件事，提到墨香楼有学生老是往洗手间下水道里扔东西，她们上午清理了一些，想等下午放学后再清理，希望学校提醒大家不要乱扔垃圾。这些想不到的事她们想到了，做不到的事她们做了，别人不好意思去做的事她们做了，这种学生校园版的“社会参与意识”很可贵！为这种为人处事的校园“美丽新风”点赞，也为老师们的用心培育、呵护点赞！放学后，陆续收到了一些孩子用心投寄的作品。

美丽一得【3月2日】

每个中午，不管冷暖，餐厅通道处总有两位保安同志在管理着就餐队伍的通行，我也发现他们不时地与学生交谈，提醒着孩子们有序慢行，甚至发现他们也时常提醒着孩子们用好午餐，“过界”地关心着似乎是他们职责外的事，我经常感受着这种“越界的美”。其实，关心教育，关心孩子本无界，遇见即责任。教育面前也许分工分科不同，但谁都是重要的，尽心尽力把重要的事做好！

每次在校园巡查，总能发现一些“暖心”的事。在校门口，会发现有的孩子向你鞠躬问好。一（3）班一个女孩摔倒了在哭，过来两个孩子对她说道：“上课了，别哭，我们扶你进教室，等会儿下课就坐在教室里好了。”稚嫩的语言透着关切，我真为这几个善解人意的孩子点赞！

这几天，工地在“打桩”，质监、勘探、设计、监理、施工聚集，共同关注着施工状况，对建筑而言“桩基”尤为重要，决定着以后的建筑程度。教育也如此，为孩子打好“基础”很重要，每一门学科、每一位老师都要敬畏你的职业，我们任重而道远。

美丽一得【3 月 3 日】

美丽一天从入校开始，清晨在校门口巡岗时，保安跟我提及哪班的孩子很有礼貌，孩子有哪些有趣的打招呼方式，哪些孩子已将问好内化为自己的行为方式并固化为习惯!

第一节巡课问源楼、墨香楼，发现有些课堂进行的很美，从师生的“神情”就能感受到课堂的美，老师声情并茂，眉目传音，学生翘首以待，若悟若吟，老师的“讲”与学生的“听”浑然相融，这样的课师生都是一种美的享受。听着这样的课，联想到上次的主题培训徐含舒老师所做的报告《老师的表情》，这个报告蛮有意思，提示我们别忽略了自己的表情。课堂，最美的元素我认为一是“表情”，二是“声音”，“传情”更容易“达意”。巡课中，也发现有些课堂老师准备的不是很充分或可以优化，如有些素材的呈现可以事先准备，这样能提高课堂效率，40 分钟的效益是我们要竭力追求的。

（七）美在教育的规范中——夯实“办学基础”

学校逐步规范、完善办学行为，实施了“升旗仪式全员例会制”“级段长例会制”“校长六个一工作制”“德育晨间谈话制”“阳光分班”“督查、值周、值日三位一体制”“阳光招生”“日常候课带队制”等日常性工作机制，促进学校有序、规范、高效运行。

四、实践思考

“美丽教育”是教育情怀，她淡化了教育的“功利色彩”，更加凸显了教育的服务宗旨：教育，不是重在孩子给学校带来什么，留下什么，而是给孩子的童年留下什么，给孩子发展打下什么基础。

“美丽教育”是教育期望，是“美的期望”，她倡导“赏人之美、展人之美、成人之美”，倡导以美育美、以美促美、以美激美，在“发现美、展示美、追求美、创造美”中实现“美美与共”，美丽教育使教育成为“欣赏的艺术”。

“美丽教育”是教育追求，在教育思考中不断追求改进，通过不断地改进、完善使教育更有活力，更有魅力，让孩子更加喜欢学校，更加喜欢学习。

参考文献：

[1] 谈心，龚孝华. 现代学校管理创新：领航校长的研究性变革实践［M］. 北京：中国轻工业出版社，2017.

[2] 俞孔坚. 回到土地［M］. 北京：三联书店，2014.

[3] 朱永新. 教育如此美丽——朱永新中国教育观察［M］. 北京：文化艺术出版社，2010.

[4] 孙蒲远. 美丽的教育——写给年轻的班主任［M］. 北京：朝华出版社，2010.

[5] 王重鸣. 管理心理学［M］. 北京：人民教育出版社，2001.

基于“项斯文化”传统浸润下的学校发展探索

应晓波①

①应晓波，男，本科学历，中小学高级教师，本课题负责人，现任浙江省仙居县第五小学校长、书记。自1997年参加工作担任校少先队大队辅导员开始，曾任团委书记、教科所主任、教务主任，2004年开始担任校级领导。是浙派名校长培养对象、台州市教坛新秀，先后获浙江省中小学师德楷模、浙江省少先队先进工作者、台州市农村教师突出贡献奖、台州市关心下一代先进工作者等荣誉称号。先后主持完成了一项省规划课题和八项市规划（重点）教研课题的研究，一项课题成果获台州市科研成果评比一等级，在省级以上期刊发表论文四篇。课题组成员还有林婷婷、张柳燕、汝珊珊。该课题系台州市教育规划重点课题，相关论文曾在省级刊物公开发表，科研成果获县一等奖、市三等奖。

仙居县第五小学地处项斯故里，前身为杨府乡中心小学，2007年搬迁到新校址后更名为仙居县第五小学，位于工业园区，是服务于周边村民和工业园区外来职工子女的城郊接合部学校，也是仙居县经济开发区定点对口学校。

曾经的城郊学校，有一定的优势，也取得了一些荣誉：先后被评为浙江省标准化学校、台州市绿色学校、台州市创建平安校园先进学校、台州市示范性社区学校、台州市应急示范管理学校、台州市创安达标4A学校、仙居县安全工作先进学校、仙居县三星级文化内涵学校等。

一、学校当前发展的瓶颈

学校在一段时期内曾获得过较多省、市、县荣誉称号，但随着城镇化加剧，学校所在片区合并入主城区街道后，不断被边缘化，曾经的城郊优势成为学校发展的障碍，以至于在新的发展机遇面前失去了应有活力。如何让学校保持传统优势又能焕发新的生机，是全校师生共同思考的问题，也是大家努力的目标。学校发展“新生之路”的探寻迫在眉睫，而问题也亟待解决。

（一）学生生源现状

学校作为仙居县经济开发区的对口小学，可以说是一所公立的“民工子弟学校”，以留守儿童和外来务工子女为主的学生群体，给学校管理与发展带来了严峻的挑战。

1. 生源组成复杂，学生群体融合难

目前学校共28个教学班，1129名学生，其中外来民工子女达418人，分别来自17个省份，涉及21个民族。“多民族”聚集，文化的差异，风俗习惯的不同，直接导致学生很难真正在心理上相容。学生群体出现“生”以“族”聚的现象，小团体现象严重。学生对于集体的认同感不强，学校良好的班风、校风、学风很难真正形成。

2. 家庭教育缺失，学校教育落实难

很多外来民工子女由于家长管理意识缺乏和工作繁忙等原因，孩子的教育基本上处于“放养”状态。因此，这些学生普遍缺乏规矩意识，行为习惯差。而本学区的孩子条件允许的已经进城买房就读或到城区私立小学就读，余下的学生大部分是隔代抚养的留守儿童，由于家庭教育不到位，同样存在行为习惯差的现象。

3. 学生流动频繁，学校管理责任重

外来学生以云南、贵州、四川和重庆等老少边贫地区为多，在校学习时间从几个月到几年不等，每年流动性在40%以上。再加上区域发展的不平衡和教材的不统一，部分转学过来的孩子到五年级都没有接触过英语，不认识英语26个字母，个别孩子在当地进行的还是复式教学班。学生阅读面窄，阅读量少，学生成绩不容乐观。

（二）教师队伍现状

教师队伍缺乏整体活力、年龄与专业结构失调，严重阻碍了学校的可持续发展。

1. 梯队结构欠佳

学校在编教师65名，其中女老师53人，教师男女比例1:4.4。年龄结构也有待于进一步完善，40岁以下男老师只有4人，平均年龄为40周岁，高级教师3人，一级教师25人。30岁到40岁之间女教师达25人，“二孩”政策放开使得学校形势十分严峻，甚至出现临时性严重缺编。近三年，全校已有18位教师在保胎和生育二胎，本来年龄结构最优的教育生力军成为响应国家号召的生育主力军，教育教学力不从心。

2. 队伍活力不足

由于教师流动不大，多数教师安于现状，进取心不强，教师群体缺少活力。学校地处城郊，属于街道，离城区近，但又不像其他城区学校需要公开考录、择优录取才能进来，导致分配进来的新教师极少，绝大部分是从离城区较远的乡镇调入，这部分教师没有进步的追求和动力，甚至职评也激发不了教师的内驱力。

3. 骨干教师缺乏

各级各类骨干教师严重不足，学科缺乏领头羊。市、县教坛新秀、县教学比武一等奖 1 人；市优质课一等奖 1 人，县教学能手 1 人，另有县教学大比武、优质课获得者 5 人，以三等奖居多。职评之后，这些教师也不太愿意再去努力与付出。师资匮乏，全校音乐专职教师 3 人，无体育专职教师，均由 52 周岁以上的男老师兼任。

二、探寻克难攻坚的策略

正视现实，克难攻坚，学校领导班子通过对学校的办学历程和文化传统进行分析梳理，开始了一次文化的“寻根之旅”，最终在中华优秀传统文化中寻找到“项斯”这一地域文化典范，并据此绘制出学校发展的新蓝图。

（一）撷优秀传统文化之精髓

中华文化源远流长、博大精深，是民族的灵魂，人民的精神家园。中华文化独一无二的理念、智慧、气度、神韵，增添了中国人民和中华民族内心深处的自信和自豪。但任何一个民族的历史传统中都既有精华，又有糟粕。中华传统文化绵延不断，主流是精华，支流是糟粕。正是认识到了传统文化的这一特点，所以我们提倡继承与批判结合，坚守中华民族的文化根脉，取其精华，去其糟粕，去粗取精，截取优秀成分，弘扬优秀的中华传统文化。

在五千多年文明发展中孕育的中华优秀传统文化，积淀着中华民族最深沉的精神追求，代表着中华民族独特的精神标识，是中国特色社会主义植根的文化沃土，是当代中国发展的突出优势，对延续和发展中华文明、促进人类文明进步发挥着重要作用。

中共中央办公厅、国务院办公厅印发的《关于实施中华优秀传统文化传承发展工程的意见》提出："要围绕立德树人根本任务，遵循学生认知规律和教育教学规律，按照一体化、分学段、有序推进的原则，把中华优秀传统文化全方位融入到思想道德教育、文化知识教育、艺术体育教育、社会实践教育各个环节，贯穿于启蒙教育、基础教育、职业教育、高等教育、继续教育各领域。以幼儿、小学、中学教材为重点，构建中华文化课程和教材体系。丰富拓展校园文化，推进戏曲、书法、高雅艺术、传统体育等进校园，实施中华经典诵读工程，开设中华文化公开课，抓好传统文化教育成果展示活动。"

"求木之长者，必固其根本；欲流之远者，必浚其泉源。"这是唐代名臣魏徵在《谏太宗十思疏》中的名言，优秀传统文化就是一个国家、一个民族传承和发展的根本。教育引导是基础性工作，要从娃娃抓起，从小抓起、从学校抓起，而优秀传统文化则是教育的源泉。

（二）以"项斯文化"为基

仙居有三大成语"沧海桑田""一人得道，鸡犬升天""逢人说项"为世人所知。其中"逢人说项"典故的主人公项斯是台州第一位进士，也是台州第一位走向全国的诗人。他的诗在《全唐诗》中就收录了88首，被列为唐朝百家之一，成语"逢人说项"的典故就出自这里，项斯"由是显名"，"诗达长安"，近人柳亚子的《感事呈毛主席》首联"开天辟地君真健，说项依刘我大难"就引用了这个典故。他在浙江仙居历史上更有着不容置疑的地位，是仙居人的骄傲。学校地处项斯故里，这一得天独厚的地理位置为学校将"项斯文化"融入校园发展中提供了充足的条件。

"项斯文化"是本区域核心的传统文化，其核心内容是：勤奋学习，爱国爱家；行为规范，品德高尚；百折不挠，积极向上。其散发出来的文化道德力量对教化乡民、反哺桑梓、泽被乡里、温暖故土、凝聚人心、促进和谐、重构乡村传统文化大有裨益。学校以“项斯文化”为基点和切入点，滋养孩子的精神，促进孩子向上、向善。

（三）危中寻机化劣为优

学校面临学生来自17个省份，涉及21个民族，多达418名外来务工子女的特殊生源的实际，要求我们不能照搬传统的教学理念，必须实事求是，创新发展。将以项斯和“项斯文化”为基的优秀传统文化融入到学校教育中去，对学校来说是雪中送炭，刻不容缓。

将优秀传统文化融入到学校教育中去，正是想到了借古鉴今，借古人的智慧来教育现在的学生。中华优秀传统文化蕴含着丰富的道德理念和规范，如孝悌忠信、礼义廉耻的荣辱观念，体现着评判是非曲直的价值标准。让学生学习中华优秀传统文化，让学生有事做。不长稻子的田地一定要长草，且很难除干净，稻子长得好的田里草很少，且长不好。学习传统文化有助于从小培养他们良好的行为习惯，有助于从小培养他们广阔的文化视野，培养人文素质。

其次，不同的民族文化在这里交织，想要民族文化散发出灿烂的光辉就需要用传统文化的大熔炉来整合。学习中国传统文化有助于各民族学生从小立志继承和发扬中华民族优秀的文化遗产，有助于从小增强孩子们作为华夏儿女、炎黄子孙的民族自信心、自豪感和凝聚力。

为此学校确定了以弘扬乡贤项斯的文化为基，以优秀传统文化为线，“筑师魂强师能，抓习惯促养成，诵经典增底色，育特长彰特色”为办学思路，抓平时、重细节，坚持用心把每一件小事做好，成就最好的自己。集思广益，提出了“做最好的自己”的办学理念。将办学愿景定为“美丽教师，儒雅学子，诗意校园”。确定了“好习惯成就好人生”的校训、“求真、从善”的校风、“厚德、高效”的教风、“自信、善学”的学风，通过多种途径加以实施。

三、开辟儒雅文化的路径

（一）创设诗意校园氛围，感知“逢人说项”的文化魅力

项斯塑像

“蓬生麻中，不扶而直；白沙在涅，与之俱黑”“入芝兰之室而不闻其香”“孟母三迁”说的都是环境对教育的重要性。学校努力将校园文化根植在优秀传统文化的土壤中，让其茁壮成长。坚持“以人为本”“情景相融”，突出人文特点，凸现文化氛围，寓教育于环境布置中。在内容上包括物质文化和精神文化建设，两者相互依存、相互影响，形成一个多层次的有机统一体；在规划上整体考虑，分步落实。通过健康向上的精神文化和物质文化给学生积极的影响、感染、熏陶，使学生耳濡目染、潜移默化，受到优秀传统文化的教育，让孩子们伴着中华优秀文化健康快乐地成长。

1. 竖立项斯雕像，达成环境感化人、改变人的意愿。为了在学生心中树立项斯形象，校园正中央竖立了项斯雕像，让学生每天一进校园就能看到项斯，久而久之，项斯就成了学生熟悉的老朋友。“项斯文化墙”的绘制，让校园每一个角落都散发着项斯文化气息，让学生浸润其中。

项斯文化墙局部

2. 发挥地域优势，创建项斯文化长廊。有了形象，还要了解项斯的生平、文化成就，进一步走近他，创建项斯文化长廊的目的就在于此。作为诗人故乡的学校，理应充分发挥地域优势，挖掘并弘扬项斯文化。

项斯文化长廊外景图

项斯文化长廊内景图

3. 设置项斯文化班级展示区。在教学楼内，为进一步体现“让每一面墙说话”的理念，在走廊的班级橱窗定期展示学生的优秀书画、手工等作品，为他们提供展现才华、张扬个性、实践创新的平台，始终激活学生对传统文化的兴趣。建立图书角，开展“开放式书吧”“楼层书吧”“教师书架”等创建活动，让校园里的每一个角落都布满图书，让图书触手可及，随时随地阅读，培养学生良好的阅读习惯。打造书香校园，加强学习和发扬中华民族优秀文化传统美德的教育。开设校园广播，在早上上课前二十分钟、中午放学后十分钟和下午放学后十分钟播放《弟子规》《论语》《笠翁对韵》等经典读物，让校园全方位地浸润在优秀的传统文化中。

4. 建立慈孝文化长廊，绘制国学经典墙绘。中华优秀传统文化的精华所在，正是其中所蕴含的正确的人生观、价值观。学校还开辟了国学经典展示墙，让学生在浓浓的传统文化的氛围中含英咀华、衔华佩实，让他们在富有圣贤的思想氛围中养成高尚的道德情怀，学会学习、学会做人、学会做事。

5. 打造民族文化长廊，展现各民族风采。中国自古以来就是一个统一的多民族大家庭。56 个民族，56 类习俗，56 种文化。学校结合本校 21 个少数民族汇聚的特点，打造“民族文化长廊”，展现出各民族的风采，促进各民族的融合。学校还着力建立民族广场、民族路、民族馆，开设民族班，开展民族运动会等活动，充分展现出学校民族文化的特色，让每一位来到学校的学生都感受到民族文化的丰富多彩，从而增进学生相互之间的交流。用文化作黏合剂，让散沙成塔，将全校各族学生的心紧紧凝聚在一起。

（二）树立文化自信，培育教师梯队，打造美丽教师团队

质量是学校的生命线，是办学品质的核心，而教师是学校最宝贵的财富。两会期间，就中小学教育如何在弘扬和传承传统文化上有所作为，教育部部长陈宝生回应说：“传统文化应覆盖教育的各个学段，贯穿人才培养的全过程。”苏联教育家苏霍姆林斯基曾说过，教师不仅仅是教课的教师，也是学生的教育者，生活的导师和道德的引路人。教师作为“教书育人”之人，在弘

扬和传承传统文化上应做先知先觉的先行者。为了更好地打造一支爱教育、肯钻研、乐奉献的专业教师团队，学校积极弘扬中华优秀传统文化。

1. 树立教师文化自信，辩证地传承优秀文化

习近平总书记在建党95周年重要讲话中提出“四个自信”，并特别强调了文化自信。他指出“文化是一个国家、一个民族的灵魂”。在当代中国，文化自信是具有科学性的时代命题，是中华民族生生不息、走向复兴的精神源泉，是中国特色社会主义破浪前行、繁荣发展的精神武器，是中华民族屹立世界、面向未来的精神脊梁。为什么中华民族能够在几千年的历史长河中顽强生存和不断发展呢？很重要的一个原因，是中华民族有一脉相承的精神追求、精神特质、精神脉络。中华民族优秀传统文化给予我们一种最基础、最深厚、最广泛的自信。弘扬中华民族优秀传统文化，不是拒绝新事物，不是盲目排外，而是要取其精华、去其糟粕，辩证发展，摒弃消极因素，继承积极思想。

在认识传统文化对培育教师的重要性后，学校多次邀请知名教授邹六根等到校给教师举办讲座，邀请浙派名校长、杭州青蓝集团总校长、秀洲区文体局领导等来校参观指导。只有搞清楚了优秀的中国传统文化的内涵，才能正确理解社会主义核心价值观的内涵，才能建立真正的文化自信，才能与时俱进，推陈出新。

2. 提倡教师立己达人，做传统文化的代言人

教育为本，知者先行，教师文化素养与知识层次的高低直接影响教育效果，这就要求教师不断加强文化学习和积累。中华优秀传统文化积淀深厚，为了促进自身对于中华优秀传统文化的认知，教师还应当具有广阔的文化视野，不断丰富乃至超越“传道、授业、解惑”的职业内涵，谱写新时代的“师说”。

钱理群教授说：“什么是教育？就是爱读书的校长和爱读书的老师，带领着学生一起读书，就这么简单。”学校始终坚信腹有诗书气自华，校园里最美

的姿态就是手捧书卷静思默想，因此特别设立了教师阅览室，让老师可以静下心阅读。为每一位老师分发传统文化经典书籍，聘请校外专家为教师开设国学礼仪课程。鼓励教师诵读经典诗文，学习传统礼仪，体味书法艺术，“兴于诗、习于书、立于礼、成于乐”。只有自己成为学识渊博品德高尚的优秀教师，才能真正对学生进行积极引导，让学生在优秀传统文化的教育中把握正确的价值观、世界观和人生观，将中华优秀传统文化的精髓入脑入心。

3. 鼓励教师立足课堂，引领教师专业成长

中华传统文化不是刻板枯燥的理论，而是历史性与时代性的统一。让中华优秀传统文化“活”起来，有“时代感”，还需创新传统文化的时代表达。教师不仅要“懂”还要会“教”。为此，学校专门以“小课题研究”为切入点，增强教师的反思力，树立“问题就是课题、反思就是研究、成长就是成果”的教育科研新思路，按照“小步子、低台阶、快节奏、求实效”的原则，有计划有秩序地开展小课题研究。课题研究立足本班、本学科、学科某类问题，通过最大限度的整合，扎扎实实地开展，全力寻找探索最佳策略途径，确实解决本班学生的教育和本学科在教学中遇到的实际问题。

另外，为使教师更好地传承中华优秀传统文化，夯实教育教学底蕴，学校多次派教师到诸暨、杭州、广州、北京等地取经学习，回来后分享经验。通过一次次的研讨分享，教师不断积累教育经验，学习他人先进的教育理念，积极性、主动性不断增加，收获也越来越多。

（三）践行“逢人说项”的优秀品格，培育儒雅文明学子

陶行知提出：“要学生做的事，教职员躬亲共做；要学生学的知识，教职员躬亲共学；要学生守的规则，教职员躬亲共守。”教师是学生的指路人，而成长的最佳方式应该是学生的自我教育。只有让学生的自我教育成为学生的自我需求，才能使社会对学生的要求真正内化为学生的内在素质。国学经典恰恰是一剂良方，让学生在诵读与落实的基础上，充分挖掘和发挥学生内在

潜能，培养学生人格智能和综合能力，让优秀传统文化与素质教育渗透相结合，让学生在广泛参与实践活动中学会自我定位，自我调控，自我创造，自我发展，自我完善，逐步成为集社会价值和个人价值于一体的完整的人。因此，学校搭建了许多平台，开展了一系列活动，力求在活动中培育学生的综合素质。

1. 开展“五每”行动，营造儒雅校园

营造书香校园是学校文化建设的重要内容。学校以国学经典为诵读范本，加强学生思想道德建设。开展了“五每”行动，即“每日一读”“每周一课”“每月一查”“每期一赛”“每年一节”。通过“每日一读”，学校每天在正式早读开始之前安排20分钟作为经典诵读时间；“每周一课”，在每周三下午第三节以班为单位诵读国学经典并定期进行诵读指导课的观摩与研讨；“每月一查”，按照诵读的篇目、诵读要求和评价标准，由学生处和语文组牵头，分年级每月进行一次检查，做好记录并进行分析；“每期一赛”，每个学期举行一次诵读大赛；“每年一节”，每学年举办一次校园国学经典艺术节，运用朗诵、吟唱、表演等不同形式演绎经典，真正将国学经典诵读融入到学生学习生活中去，全方位、深层次、多角度地培养学生的古典文化底蕴和优雅的情怀。

2. 推行“五好”评比，营造文明校园

为了培养学生文明的行为习惯，培养他们的儒雅之气，学校开展了培养“五好”小公民行动，对学生提出了许多细节上的要求，如“排好队，扫好地，用好餐，如好厕，读好书”。

诵读经典“步从容，立端正，宽转弯，勿触棱”培养学生排好队，走好路；诵读“房室清，墙壁净，几案洁，笔砚正”培养学生扫好地；诵读“对饮食，勿拣择，食适可，勿过则”培养学生用好餐；诵读“或饮食，或坐走，长者先，幼者后”“晨必盥，兼漱口，便溺回，辄净手”培养学生如好厕；诵读“读书法，有三到，心眼口，信皆要”培养学生如何读好书等，做个“五好”小公民。成立了礼仪小分队，每天轮流值日，从这五方面进行监督和检查，提醒和督促学生养成良好的行为习惯。经过两年的努力，学生的行为习惯有了明显的改善。

3．展开“潜能”挖掘，营造书香校园

面对特殊的生源，学校以“潜能”临界生成长为突破口，以营造书香学习校园为手段，力争在减 E、降 D 中全面提质。

学校制订了以“师爱——贴近心灵　激发潜能”为主题的临界生培养总方案，由教务处详细规划临界生转化措施，设立“心苑工作室”，以三、四、五、六年级学业评估在 E、D 徘徊的“潜能”临界生为突破口进行提升，每班筛选出 5 至 10 名学生，建立档案。由任课教师任导师，实行全程跟踪管理。学期初举行临界生培养师生结对仪式，导师定期从心理辅导、提高课堂关注度、作业面批、家校共育等角度加强引导，全面提升学生素质。教务处建立临界生期中、期末成绩档案，定期对临界生档案进行抽查。全校师生形成合力，促使教学质量稳步提升。为激励临界生的点滴进步，学校每学年为转化成优秀的师生举行隆重的表彰仪式。

4．举行“背诵”考级，营造诗意校园

“腹有诗书气自华”“读史使人明智，读诗使人灵秀”。从《诗经》到乐府再到唐诗、宋词，中华古诗词的确是中国古典文化之瑰宝。其诗词语言之美、音韵之妙、意境之深远，真的是美不胜收。中国拥有几千年的灿烂文明，古诗文是中华民族优秀文化的重要载体。学校通过定期开展“国学小秀才、小举人、小进士”系列晋级评选、诵读竞赛等活动调动学生的积极性，激发学生诵读的兴趣与热情，让学生在活动中沐浴文化的恩泽，接受传统的洗礼，享受阅读的快乐，培养高雅的情操。

秀才：能够背诵古诗文第1级（达标的学生颁发“古诗文秀才”等级证书）

举人：能够背诵古诗文1至3级（达标的学生颁发“古诗文举人”等级证书）

进士：能够背诵古诗文1至5级（达标的学生颁发“古诗文进士”等级证书）

状元：能够背诵古诗文1至7级（达标的学生颁发“古诗文状元”等级证书）

（四）传承“逢人说项”的精髓内涵，架构诗意灵动的校本课程

校本课程开发的最终目的是充分挖掘学生的潜能优势，促进学生良好习惯养成，个性和谐发展。学校在校本课程开发的过程中，努力做到立足于学校特色，立足于教师个性和学生个性。校本拓展课程的主题是“传统文化”，在课程设置上遵循适合性、民俗性、趣味性、发展性四个原则，课程内容开发主要从综合生活、实践活动和主题性活动等方面来挖掘素材，整理课题内

容。综合生活方面，从生活与表现、生活与健康、生活与探索三大领域来构建学校的日常生活教育课程，设计课程目标，开发课程资源，编制活动材料。学校根据国家课程标准设置课时，在地方课程开设上灵活设置相应的校本课程。校本拓展课程共分为国学课程、体艺课程和民俗课程三大类。

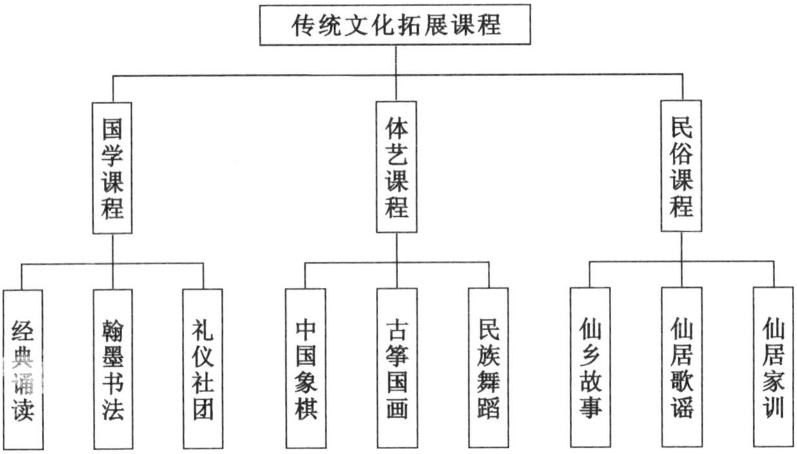

1. 设立国学课程

经典诵读：学校将课程表中每个年级每周三下午第三节定为“国学经典诵读课”，将国学经典名著名篇如《三字经》《弟子规》《千字文》《论语》《声律启蒙》《笠翁对韵》《朱子家训》《颜氏家训》《少年中国说》等与《小学生课外必背古诗词》和语文教科书及其他相关教育资源整合起来，优势互补，形成古今中外优秀文选。高、中、低三段分阶段推进实施，每学期选各学段中部分精华作为全校通读内容，定期举办国学诵读大赛，让孩子们在国学经典中接受传统的洗礼，培养高雅的情操。

学校应邀参加仙居县庆祝新中国成立70周年诗歌朗诵晚会

学生参加诗意校园经典诵读活动的现场

传统礼仪：学校创办国学礼仪社团，每周开设国学礼仪课程，聘请专业的国学礼仪老师来指导学生。学校还在每个班级选拔了礼仪小分队，由礼仪社团带队指导，一带十，十带百，以部分带动整体，将国学文化融入到学校的教育生活当中，用优秀的传统文化规范学生的行为道德，提高文明素养。

翰墨书法：学校建立了古色古香的书法室，由台州市书法名家王波先生的工作室成员林婷婷老师担任专职书法指导老师，每周三下午第三节课从学校和班级两个层面开展书法指导课。通过学习书法，不断研习古代碑帖，领悟古人的风范，这必然对学生的人格塑造起到潜移默化的教育作用。学校 8 名同学在全国首届“复兴杯”小学生硬笔书法大赛中喜获佳绩。书法学习不仅有利于学生的多种能力培养，还有利于学生树立文化自信，培养学生的自信心。

2. 创建传统体艺课程

中国象棋：象棋是中华民族的优秀文化遗产，它以丰富的历史内涵、精彩纷呈的竞技形式和强烈的艺术魅力，深受人们的喜爱。学校把中国象棋课设置在课程中，每班每周有一节象棋课，利用中午和放学前安排一小时兴趣活动时间，做到既有普及又有提高。按年级组划分，根据学生年龄特点和实际水平有针对性地备课，使学生各有所获。每学期举行一次全校性的象棋比赛，表彰优秀的孩子。

古筝国画：古筝和国画是我国的民族传统文化。为了丰富学生的业余生活，为爱好美术和乐器的学生提供专业的学习平台，学校开设了古筝和国画社团。古筝国画社团的上课时间为每周三下午第三节课。社团活动开展前，学校发动各位班主任老师宣传招生，鼓励有古筝和国画基础的学生积极报名参加，指导老师根据学生的基础和上课的表现进行筛选，确定人员后，再根据学生的水平制订学年教学计划。每一学期校园文化艺术节，学校会给优秀的学员提供展示自己的平台。

民族舞蹈：歌舞是人类与生俱来的一种本能，也是最为本真的一种艺术形式。不同的民族，因生活环境、生产方式和宗教文化等方面的差异，拥有着从韵律到风格各显异彩、斑斓夺目的民族民间舞蹈。无论属于哪个民族的舞蹈，都会以不同角度充分地展示东方民族所具有的久远历史和深厚的民族文化底蕴。学校通过创建民族舞蹈社团，能帮助学生们更好地认识不同的民族文化，感受不同的民族风采。学校将民族舞蹈社团设置在每个周三下午第三节课，根据学生的年龄特点分为高段和低段有针对性地进行教学。

3. 开拓民俗课程

仙乡故事：地方课程的根本目的是培养学生的社会责任感以及参与社会生活的能力，培养和发展学生适应地方或社区发展的基本素质。为贯彻落实教育部《基础教育课程改革纲要》和《地方对基础教育课程管理与开发指南》的个性要求，学校在课程的实施中，将“仙乡故事”融入了学生的课堂教学中来。

仙居歌谣：仙居歌谣来自民间，在群众间广泛流传。内容丰富多彩，易于传诵，是不可多得的传统文化教育资源。学校适时地将本地歌谣引入到学校地方课程中，在课堂中通过多种形式学习歌谣，让学生将歌谣通过表演展示出来，使学生的学习与实际生活相联系，激发了学生主动参与的愿望，促进了本地文化的发展交流。

仙居家训：仙居家训的核心是“慈孝、感恩、奉献”。学校从学生的日常行为规范着手，以倡导孝敬长辈、感恩社会、奉献爱心为主要内容。校少先队定期开展“我为长辈做件事”“我为老人献爱心”等活动，引导学生从身边的小事做起，践行仙居家训的教导，做四好少年。同时，让外来的学生了解仙居，让仙居的学生了解自己。

四、学校建设发展初见成效

在全体老师的共同努力下，学校经过两年多的实践探索，各方面工作均取得不错的成绩。

（一）“儒雅学子”风貌初具

“儒雅学子”的提出，让学生在广泛参与实践活动中树立了良好的人格，培养了优秀的行为习惯，形成了健康的心理素质，学会了自我定位，自我调控，自我创造，自我发展，自我完善，逐步成为集社会价值和个人价值于一体的完整的人。

经过两年的努力，学生行为习惯逐步养成，“排好队，扫好地，用好餐，如好厕，读好书”不仅仅是一句口号，这已经成为广大学生自觉的行为和习惯。校园中，学生们的儒雅风貌表现在一言一行中。学生在潜移默化中接受中华传统美德和优秀文化的熏陶，继而承之、起而行之。拒绝粗语脏话，展示优雅谈吐；拒绝行为粗鲁，展示文明礼让；拒绝打闹嬉戏，展示风度翩翩。许多学生家长也反馈，对学校的教育非常认可，他们反映“孩子们变得孝顺了，懂事了，会主动帮我们做饭、洗碗了”。

教师们说：“优秀的传统文化让德育有了抓手，当孩子们上下楼想要像过去一样滑楼梯杆时，会突然想起《弟子规》里面的‘宽转弯，勿触棱’，于是又变得规规矩矩。”学和做的有机结合使教育效果不断凸显，学生的行为习惯有了很大进步，文明程度明显提高，学生对教师或学校的客人会主动问好，孩子之间也变得言语文明、行为儒雅，他们用《弟子规》《仙居家训》等优秀传统文化中的道理化解同学间的矛盾、理解师长们的关爱。

学生在国学经典中感悟人生，人人争做“翩翩少年”“儒雅学子”。学校赵柯欣同学荣获“中国蓝”朗诵经典全国金奖，国学礼仪社曾获得浙江省第一届青少年中华经典诗文诵读活动暨“大艺树杯”诵读比赛宏大·仙居赛区选拔赛“小学集体组一等奖”“优秀组织奖”等奖项。学校为社会锻造人才，更重要的是为社会输送有道德、有理想、有文化、有纪律的“四有”公民。学校国学礼仪社团开展的“绿色出行，文明乘车”礼仪宣导实践活动得到社会的广泛好评，在台州市共青团官媒上做了典型报道。“好习惯成就好人生”相关系列活动也受到了广泛关注，被《网易》《今日头条》等媒体转载。

（二）“四雅教师”风姿初展

两年来，仙居五小的教师无一不从自身做起，不断学习，不断实践，提升了自身的文化修养，增强了科研实践能力，在研究中也形成了合作、互助的氛围，群策群力、集思广益的作用愈发凸显。教师们不断持续学习，增强自身的文化底蕴，这种渊博的学识让教师们散发出了独特的个人魅力。教师的雅思、雅言、雅行、雅量，营造出了同事间的和谐氛围。教师团队凝聚力、向心力不断加强。

两年中教师获奖实现了质和量的双突破：1 人获教育部“一师一优课，一课一名师”优课奖；3 人成长为高级教师；1 人获“台州市农村突出贡献奖”；1 人获浙江省优秀导读员称号；2 人在台州市小学课堂教学评比中获奖；5 人在县教学大比武和优质课评比中获奖；1 人获县教坛新秀称号，6 人成长为县骨干教师；7 人负责完成了省市规划课题研究，4 篇相关教育教学论文在公开刊物发表。

（三）“特色文化”风采初呈

通过实践行动带动了校风、教风、学风，学校呈现出良性发展态势。学校浸润在优秀传统文化的氛围中，校园育人环境得到进一步优化，富有特色的校园文化成为学校一道道亮丽风景。每一个学生都散发着儒雅的气息，带着浓浓的书卷气。

学校的目标是让每一个学生置身于学校的每一个角落都能被浓郁的优秀传统文化所浸润。目前仙居五小已经完成了项斯文化墙、项斯文化长廊的创建，竖立了项斯像，初步完成民族长廊中的视觉文化氛围的建设。学校所在的每一栋楼、脚下的每一条路、走过的每一个转角，无一不充斥着传统文化的气息。学校的长廊、办公室、展牌、墙绘等都体现着中华民族优秀的传统文化。在这样的环境中，师生共同生活、成长、进步，感受美的氛围，接受美的熏陶，引导美的行为，得到美的升华。

两年来，学校教育质量稳步提升，排位不断前移，个别学科位于同类学校前茅，英语学科名次在全县近三百个教学班中位列第三，荣获县教育质量进步奖。项斯文化建设特色工作得到进一步彰显，成为仙居县政协工作报告六大中心议题之一，被仙居传媒管家、台州日报、网易中国等主流媒体报道。学校知名度和美誉度不断提升：近两年来学校被评为浙江省民族团结重点培育单位、浙派 319 名校联盟学校、台州市书法基地学校，台州市“之江汇”教育广场深度应用试点校、仙居县文明单位、仙居县少数民族基地学校、仙居县统战先进集体。

最近，学校又培育出“民族团结”工作亮点，受到省市政协领导、县委统战部、市县教育局领导高度肯定。主题活动“共植绿色生命　同绘‘创森’画卷”被浙江省人民政府网站报道，“开学第一课”“庆祝国庆：我和国旗合个影”等活动，先后被学习强国、浙江日报、浙江新闻网、浙江民宗等主流媒体报道，相关活动案例被市教育局推荐参与教育部典型案例评比，在全市有较高知名度。

五、学校发展的进一步思考

经过两年多的实践探索，学校各方面都取得了一些成绩，但在行动实践研究中也存在一些困难和问题，这些困难和问题也是学校今后着力解决的方向。

（一）如何建立长效机制

在优秀传统文化浸润校园的实践活动中，学生的品行有了很大的改观，但有一部分学生却不能持之以恒，也有小部分学生在学校和家庭中的表现存在着分离现象，如何建立长效机制是学校继续研究的方向。

（二）如何形成共同愿景

优秀传统文化进校园，国家层面有顶层设计，学校方面也有明确的计划目标和步骤，但每一位老师都是一个独特的个体，要使之成为每个教师的共同愿景和孜孜不倦的自觉行为，还需要时日。

（三）如何形成家校合力

由于家庭条件及家长文化程度千差万别，许多家长对孩子的教育方式与学校不一致，为学校教育的实施带来一定的难度。如何做好这些家长的思想工作，让家校步调一致，共同教育好孩子还是一个比较棘手的难题。学校通过家长学校、企业和家长联谊会等途径进行了系列推进，但受经费和教师资源等制约，还需进一步完善对策。

（四）如何提升理论支撑

学校对一系列活动的开展和实践进行反思，发现实践活动缺乏强有力的理论支撑，理论研究还不够深入，有待进一步提高。当然，本研究仅仅是一个开端，还有许多更为艰巨的任务和问题有待我们在实践中去进一步探索与解决。优秀传统文化浸润校园涉及多个层面，在师资队伍、学生管理、校园建设、德育教育等方方面面，无不需要一步一个脚印去探索。学校将继续围绕《基于“项斯文化”传统浸润下的学校发展探索》这一主题继续努力，进一步打造儒雅校园、诗意校园。

参考文献：

[1] 殷翻平. 让经典诗文走进小学语文课堂——浅议古诗文诵读在小学语文教学中的重要性 [J]. 青春岁月，2013.

[2] 廖婧茜. 优秀传统文化融入中小学课程的意义、难点与对策 [J]. 教育探索，2015.

[3] 徐光大. 项斯诗注 [M]. 杭州：浙江古籍出版社，2006.

[4] 刘花红. 浅谈小学语文教学中的经典古诗文诵读 [J]. 都市家教月刊，2015.

[5] 郭继承. 文化的传承与弘扬 [M]. 北京：人民日报出版社，2013.

[6] 段宗平. 经典诵读读本 [M]. 武汉：湖北科学技术出版社，2011.

[7] 应晓波. 逢人说项：乡贤文化引领下的学校课程架构 [J]. 基础教育论坛，2019.

学校课程与教学篇

农村小学“原道”课程群的建设与探索

潘仙福①

学校立足本土，开发课程资源，努力将国家课程扎实做活、地方课程务实做活、校本课程丰实做活，最大限度地满足学生成长的需求。学校遵循“普及、整合、拓展、提高”的原则，建设“原道”课程群。课程规划从“碎片思考”走向“顶层设计”，课程开发从“量的齐备”走向“质的提高”，课程实施从“统一动作”走向“个性定制”，课程评价从“静态单一”走向“动态多元”。学校探索出了建设“原道”课程群的有效方法：课程实施策略生活化、课程实施形式社团化、课程实施方法协作化，从而优化学校课程结构，深化基础教育课程改革，构建学校课程的新样态，实施个性化教育，转变育人模式，最终提高学生学习兴趣和综合素质。

①潘仙福，男，本科学历，中小学高级教师，时任台州市黄岩区院桥镇中心小学书记、校长，本课题负责人。现任浙江省台州市黄岩区西江小学教育集团书记、校长，系浙派名校长培养对象、台州市名校长、台州市优秀教育工作者。主持《农村小学“绿野寻踪”活动的探索》等浙江省教育规划课题的研究，二十多篇论文在省、市、区获奖。本报告系浙江省教育科学规划优秀结题成果，并获省教育科研成果三等奖。

一、课题的提出

新一轮课程改革提出，国家课程、地方课程、校本课程三级课程的开发与利用，要促进学生的全面发展。然而，很多学校仍处在起步阶段，普遍存在一统天下欠多样、个性发展欠关注、自主选择欠落实等诸多问题。到底怎样的课程改革才是适合学校的？

自2007年以来，台州市黄岩区院桥镇中心小学就以“‘绿野寻踪’特色课程的实践研究”等省级课题为抓手，立足本土，开发课程资源，努力将国家课程扎实做活、地方课程务实做活、校本课程丰实做活，最大限度地满足学生成长的需求。但是在实施的过程中，还是遇到了很多问题：学校顶层设计不到位；办学理念欠清晰；措施都停留在“点”上，不能全面体现学校办学精神；教师的教学能力薄弱；课程实施“散”“乱”“小”……迫切需要从学校顶层设计入手，增强教师团队协作能力，构建行之有效的课程群，真正体现学校的办学精神，为学生的生命发展奠基。

2011年开始，院桥镇中心小学进行了多次“头脑风暴”，明确了适合本校的课程改革方向，遵循“普及、整合、拓展、提高”的原则，立足学校实际提出了“原道”课程群建设构想。

1. “原道”

院桥镇中心小学创建于1907年，成立初始为原道书院。原，通“源”，源头，引申为本来的样子。在学校教育中，是指保持儿童的天真之心，尽可能地顺应他们的成长规律，因材施教。道，指道德、道理、道路。修身以立德，遵循自然的法则和规律，有目标、有方向地去做事。学校以“立本溯原·道法自然”为办学理念，来统领一切办学行为，最终使每一位师生都能收获幸福，实现自己的人生价值。

2.“原道”课程群

“原道”课程群，指的是在国家课程基础上建设的校本拓展性课程，分为“道之本”“道之法”“道之踪”三大板块，构建了五大类别课程群：立德课程群、本智课程群、溯体课程群、原美课程群、好劳课程群，即“德智体美劳，立本溯原好”。从而使“原道”文化聚焦在促进学生发展的核心素养上，达成“原道五质”特色课程目标。

基于此，学校提出“农村小学‘原道’课程群的建设与实践”这一课题，通过国家课程的校本化实施与校本课程开发，使学校课程结构更合理、学校特色更鲜明，进一步挖掘学生多元潜质，注重学生多元发展，成就师生多元成长。

二、国内外研究现状

在“中国知网”数据库中，以“拓展”“课程群”为检索词，精确搜索到的文献有 100 多篇。从时间上可以看出，高校、高中对课程群的研究呈逐年上升趋势，但小学、初中对课程群的研究相对较少。

综合“中国知网”上的文献可以看出，课程群建设应该具备以下几个特点：第一，相关性。课程群所含的各门课程在内容上纵向有传承关系，横向有内在联系，但又各成体系。第二，融合性。课程群建设是各门课程知识体系的重组，要对课程间重复的内容进行删减和整合。第三，创新性。课程群建设不是几门课程内容的简单叠加，而要打破课程、实验、师资等方面的壁垒，实现课程结构、课程体系和功能的优化。

例如上海市杨浦区平凉路第三小学的“青苹果生活乐园”课程群，“套餐与私家菜”、校内课程与校外实践等相结合；上海市静安区第一中心小学开发“课程群”激发学生的智慧潜能……这些学校在新课程改革推动下进行的课程群开发和实施，调动了学生的兴趣，使学生更爱学习了。而这里的校长和教师则大大增强了课程意识、资源意识和研究意识。

三、“原道”课程群的实施研究

（一）课程规划：从“碎片思考”走向“顶层设计”

众所周知，一所学校的课程开发与建设一定要有坚实的根基，要抓住“教育理念、校园文化、办学特色”这三个学校发展的生命成长点，因为理念是核心、文化是灵魂、特色是生命力。为了准确把握全面深化课程改革的总体要求，我们着重从以下两方面思考：

1. 文化引领，让课程更接地气

基于办学历史、地域文化、办学现状和未来需求等，学校提出了具有丰富内涵的“原道”教育思想，实现对“原道”的价值观、内容、方法论的传承。学校传承历史文脉，以“原道”为魂，体现“立本溯原·道法自然”的办学理念；将“立正心、弘本真”作为校训，形成“师有道、生有格”的校园风貌。自加入中国新样态学校联盟以来，学校生态力求“有人性、有温度、有故事、有美感”，实施“从心、真心、用心、精心”策略，以“品性、品质、品位、品牌”为衡量标准，形成“底色、本色、彩色、特色”的文化表达，最终促进学校内涵发展。

在以上“原道”文化价值体系框架下，我们明确了课程建设的四个原则。

基于政策。课程的制定必须与上级教育部门的指导性文件相一致。学校在进行课程建设时坚定不移地以《教育部关于全面深化课程改革　落实立德树人根本任务的意见》为指导思想，具体落实浙江省教育厅颁发的《浙江省教育厅关于深化义务教育课程改革的指导意见》。

基于文化。课程的制定应体现学校本位的特征，重视学校的传统，关注已有的创新，倾听师生的声音，从学校的文化价值体系出发。

基于研究。学校课程发展的依据是相关的专题研究，如学校课程发展的回顾与展望、学校发展分析、教师专业发展分析，以及学生的课程期待和家长的意见。

基于选择。学校课程体系的设计应始终以“选择”为核心，以“育人”为目标，以“人的差异”为指导，秉承“共同基础、差异发展、个性特长”的原则，充分赋予学生课程选择的权力，最终探索一种“适合的教育”和“适合的课程”。

在“原道”文化的指引下，我们将课程目标定位为“一个指向，五点特质”。“一个指向”是培养全面和谐发展、具有“原道”特质的“原道”学子。“五点特质”指仁道、健道、和道、艺道、悟道。仁道：德行如一，文明多礼。健道：生命运动，灵动健康。和道：合作共和，遵循事理。艺道：博雅乐艺，美由心生。悟道：探索自然，实践体悟。这五点课程目标相互关联，相互渗透，将“原道”文化聚焦在促进学生发展的核心素养上，简称为“原道五质”特色课程目标。

实践证明，此课程的制定体现了学校本位的特征，既重视学校的传统，又关注已有的创新；既倾听师生的声音，又从学校的文化价值体系出发构建课程，效果非常好。

2. 理念更新，让课程与时俱进

教育部教育发展研究中心副主任陈如平同志莅临我校考察调研，对我校的课程改革给予了高度评价的同时，他强调课程的核心是人，所以我们需要从育人目标出发，发挥课程的整体育人功能。为了进一步弥补原先课程实施遇到的“短板”，我们从“零散”到“整合”，根据国家对学生德、智、体、美、劳等方面全面发展的目标，把“原道”课程分为三个板块，构建相对应的五大类别课程群，让学生在以“原道”为特征的文化氛围、课程学习中发展核心素养。

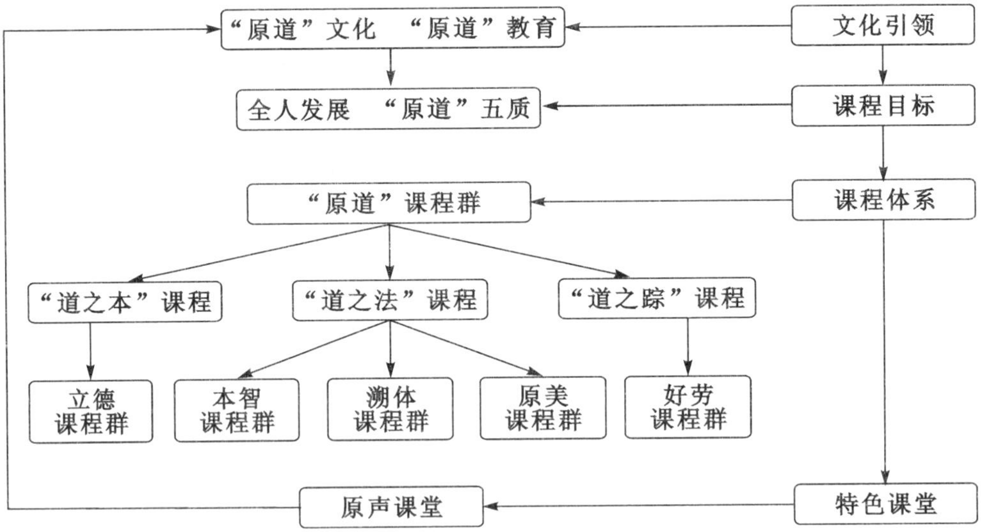

“原道”课程

思路决定出路。实践证明，学校的课程规划直接关系到课程发展的方向和基本特色，直接影响到学校内涵发展的整体水平。基于学校的办学理念，学校的课程规划从“碎片思考”走向“顶层设计”，努力思考课程的逻辑结构、功能定义和教育意义，为每一个学生有个性地发展设置课程，既培养学生实事求是，又引导学生面向未来，最终形成了符合学校文化的特色课程。

（二）课程开发：从“量的齐备”走向“质的提高”

一个教育家曾这样给课程做了一个等式：课程 = 课 + 程。也就是说，课程既是有理念、有目标、有内容的“课”，又是有实施、有评价、有管理的“程”。拓展性课程是每个学生必修的课程，强调全体参与。原则上凡是学生感兴趣的，学校均提供相应的课程供学生选择，以满足不同层次学生的发展需要——有特长的学生可发展和提高特长，没有特长的学生可发现和培养特长。

名称		拓展课程
“道之本”课程	立德课程群	“原道学子可见”系列主题课程：核心价值观微展示、小白鹭微电台、原道学子成长礼、毕业礼、节庆活动
“道之法”课程	本智课程群	童心妙语（小主持）、思维转盘（数学创意）、我爱阅读（英语和语文）、经典诵读、趣味探究（科学）、信息直通车（综合学科）、原道大讲堂（方言故事会）
	塑体课程群	梦幻足球、玩转篮球、你推我挡（乒乓球）、跆拳道、激情拉丁（拉丁舞）、排球、棋乐融融（象棋）、黑白世界（围棋）
	原美课程群	雅韵绵长（古筝）、轻舞飞扬（舞蹈）、越韵芬芳（越剧）、翰墨飘香（书法）、快乐合唱团、魔幻口琴、妙笔丹青（素描）、动画制作、水韵墨色（国画）、创意手工
“道之踪”课程	好劳课程群	绿野寻踪课程：依托4000平方米校园实践基地，开发民间中草药、土特产、人文自然景观等课程，与语文、美术、科学等学科整合开展教学

专家指出：考核学校课程的质量，首要的标准不是课程的数量，而是应该考虑课程建设是否基于提升学生的核心素养。学校在实践摸索中，经历了从最早的追求课程数量的“百花齐放”，到现在的精品课程打造行动，从原先的多为老师擅长的“师本课程”，到现在关注学生需求与发展的“生本课程”，每年课程实施前的学生需求调研和实施后的学生评价反馈，让每一门课程都处于动态的更新状态，也让学校真正成为学生自我发现、自主选择、自由成长的乐园。

1.“道之本”课程——常规课程，面向全体

以立德课程群为载体，坚持“大成于细、持之以恒”原则，推进“原道学子可见”系列主题课程，开展“五个一”活动：即一方案、一发动、一评比、一表彰、一展示，开展“原道学子可见行动”，找准突破口，立德树人。如：核心价值观微展示、小白鹭微电台、原道学子成长礼等。

项　目	时间安排	德育内容
学科微德育	每节课最后3—5分钟	课堂礼仪、学科拓展、德育渗透
活动微主题	每月一主题，每年4大节日	每月一个礼仪主题教育，每年4节：艺术节、体育节、科技节、读书节
健康微锻炼	每天大课间、放学在家	跑操、足球、跳绳等各项体育活动
校园微广播	每天中午、下午	励志向上歌曲、好书推荐
小白鹭微电台	每周三中午、周五下午	礼仪示范，校园新闻
国旗下微展示	每周一上午	社会主义核心价值观音乐情境表演
课程微体验	每周五班队课	德育课程教材，成长礼等队活动
家校微联盟	每月一次讲座，微信问候	原道大讲堂，微信家访，家校联动

2.“道之法”课程——特需课程，自主选课

为了满足学生自主学习和个性化发展的需求，实施完全自主选课制，学生可以自主选择专业、自主选择课程、自主选择教师，学校提供自主选择学习内容和学习方式的机会，引导学生进行选择性学习，使每一个学生扬长避短，获得最佳发展。具体分为四类：第一，学校全员选择，班班必开；第二，年级全员选择，在不同年级开设；第三，年级内个体自主选择；第四，全校个体自主选择。

3.“道之踪”课程——特色课程，多方参与

以占地4000多平方米的寻踪园（校内）和市级野生动物保护基地（校

外）、国家级湿地公园（校外）为实践活动基地，充分利用区域优势、学科优势、资源优势等，践行陶行知先生“生活即教育”“社会即学校”的教育理念，依托绿野寻踪特色课程，努力开发学科资源包，努力让学校、家庭、社会等多方参与，走生态之路，亲近自然，走进社会，大胆实践。

实践证明，我们的学生在生命成长过程中需要什么，我们的教育、我们的学校、我们的课程就应该努力地为之提供什么。因为课程是学生通往生活的一条路，学生的成长需要这样一条宽广的路。

（三）课程实施：从“统一动作”走向“个性定制”

课程的实施往往受到师资、场地、时间等诸多要素的制约，学校在实践中积极探索课程实施方式，在课程的周期上，尝试了“长课程”与“短课程”的组合；在课程的实施中，采用走班制、学分制等，充分体现学生的自主性和选择性；在课程的对象上，尝试了“同年段”与“跨年段”的组合，“每一个”普及型与“每一类”兴趣型的组合；在课程的师资上，尝试了本校教师与外引教师的组合。具体操作如下：

1. 定课时，保证教学时间

把拓展性课程安排在课程表中。每周一和周三下午第一、二节课，有80分钟的长课，如绿野寻踪、越剧、国画等课程；有40分钟的课，如合唱、大可讲老话等课程；也有20分钟的短课，如信息直通车、硬笔书法等课程。这样的安排灵活性大，为课程提供了时间上的保障。特别是绿野寻踪课程，第一节课集中在教室，老师做理论上的指导，第二节课就可以安排学生去寻踪园基地开展实践活动。这样的课程设置，在极大程度上调动了学生学习的积极性。

2. 丰人员，落实教学责任

教师是学生开展拓展性课程不可缺少的因素。学校教师难以满足拓展性课程的需求，很难配全专职课程教师。在全校教师的队伍中，采用“根据特长，自愿参加”的原则，在不增加教师负担的情况下，保证教师课时数不变，吸收一批优秀的教师担任每个年级的拓展性课程导师。另外，学校还聘请校外辅导员，发挥家长、社会等资源的优势，增强课程开展的成效。

3. 重整合，催化品牌形成

拓展性课程必须注重课程整合。学校根据实际情况，开展学科整合、过程调整，使拓展性课程走向立体化。跨学科整合，如学习了《只有一个地球》这篇课文后，镇里发生了饮用水源水库污染事件，学校就号召学生不能关起门来读书，学会关注发生在身边的有关环境的时事，学会爱护环境。让学生做到及时向老师反映，并确定切实可行的方案。没想到我们的号召一提出，孩子们就提供了一系列关于我们身边环境的情况，诸如猪粪沼气燃料的使用、环保袋的使用、本土鸟类的变迁、家乡水塘的使用变化情况等。课程整合，如把绿野寻踪课程与《人·自然·社会》整合，做到集中和分散相结合，把梦幻足球与学校德育课程整合，还开发了各学科的“绿野寻踪”资源包等。下面详细说明一下梦幻足球课程和绿野寻踪课程。

◆梦幻足球课程

校园足球课程不仅仅是足球运动，更要关注足球与教学、足球与德育、足球与文化，打造立体足球。我们提出了一个口号：打造立体足球，畅享运动快乐，育养原道学子。

（1）梦幻足球课程总体架构

教练	时间	比赛
体育教师	体育课	班际联赛
班主任	大课间	联盟联赛
外聘教练	走班选课	师生比赛
校队队员	节假日	上级联赛

同时，建设廊道足球文化，结合足球联赛开展最佳射手、最佳队员、最

佳阵容、最佳啦啦队、足球漫画、足球手抄报、足球双语解说等评比，这样使足球课程与相关课程实现了整合。

（2）新样态·新足球

只有走心地做教育、用心地做课程，才能做出有温度的教育、有能量的课程，才能让学生通往有梦、有爱、有幸福的未来。在创建足球特色学校的进程中，将足球与教学、足球与德育、足球与文化有机整合，打造立体足球。我们深切地体会到，足球不仅仅是一项体育运动，还是一种情感体验，也是一种文化熏陶，更是一种精神传承。校园足球活动不仅强健了学生的体魄，更承载了诸多的德育功能。在平时的训练中，要求教练、教师要教会学生吃苦、协作、宽容、整理等能力。

（3）收获

校足球队成员积极参加省市校园足球联赛，获得了浙江省校园足球总决赛二等奖、台州市校园足球冠军等荣誉。学校也获得了2015年首批国家级青少年校园足球特色学校、台州市优秀校园足球定点学校等荣誉，且被台州电视台等多家媒体报道。

◆绿野寻踪课程

如今中国的教育有三个缺失，即实践的缺失、经验的缺失、生活的缺失。为了能让学生真正享受成长的快乐，能够自主探究、观察体验、动手实践，学校立足本土，以寻踪园（校内）和动物保护基地（校外）、湿地公园（校外）为实践活动基地，开发课程的资源包，开展绿野寻踪活动，感知自然，认识自然，拥抱自然，保护自然，力求从寻踪走向留踪，带领全体师生走生态教育之路。

(1) 绿野寻踪的课程框架

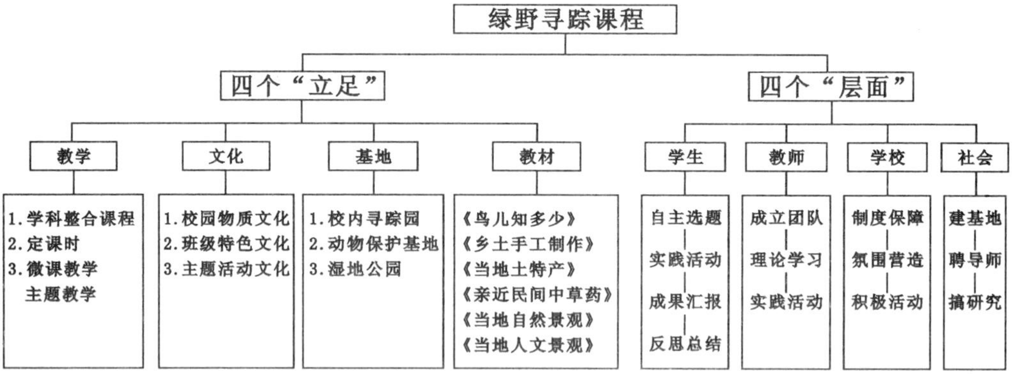

开发的课程资源

微课程资源一

类　别	内　　容	微课程形式
语文习作教学微课程	4个大主题，14个小主题，28个习作序列	PPT式 讲课式 情景剧式
语文综合性学习微课程	5大板块，16个小主题	
英语学科微课程	当地名胜古迹和特色农业	
音乐学科微课程	绿野寻踪歌曲等音像素材	
科学学科微课程	微主题探究小活动	

微课程资源二（已被评为市区精品课程）

年级	一	二	三	四	五	六
校本教材	《鸟儿知多少》	《乡土手工制作》	《院桥土特产》	《亲近民间中草药》	《院桥人文景观》	《院桥自然景观》

(2) 寻踪园操作

根据班级的需要，把寻踪园划分为7块，其中6块分到各年级（一至六年级），由年级组长牵头，再分到每班一小块，实行年级承包制。剩下一块专门给绿野寻踪社团的学生。此外，为了使种植的农作物不重复，进行统筹安排，每学期指定一种农作物，所种农作物必须精心管理，让师生在劳动中体验劳动的快乐，在劳动中学习农作物的种植知识。同时各年级可以根据实践区的大小及季节变化增种其他农作物。

要想寻踪园成为学生学习的乐园不能只是种菜，必须发挥其教育价值的功能。

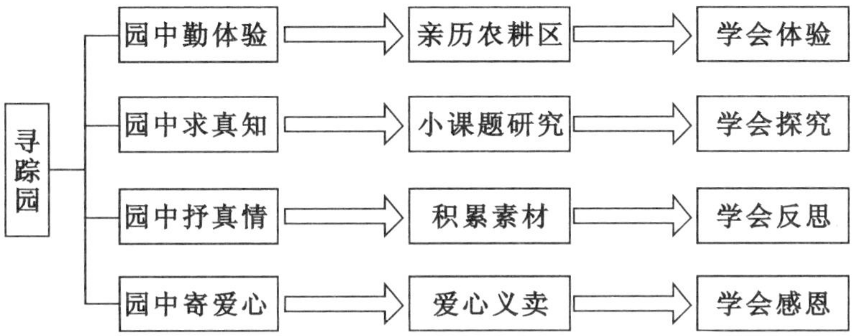

（3）收获

绿野寻踪一直是学校的品牌教育。5 年内，围绕绿野寻踪课程，开展了 3 项省课题研究，2 项已经结题，科研成果获得省级三等奖（台州市一等奖）；还带动 40 多个市子课题，使全体老师走上了富有农村特色的教科研之路，开发了民间中草药等 6 个乡土课程，均被评为市、区精品课程。2015 年，合作承办了浙江省转变育人模式现场推进会，承办台州市综合实践学科课改推进会；2017 年，陈如平老师等一批省、市、区专家来校考察指导新样态学校建设，均给予了高度评价，认为我们的绿野寻踪课程具有本土特色，具有极强的生命力和持久性。同时，学校被评为“浙江省教科研先进集体”，学校课改经验 1 项入选省典型课改材料，1 项入选市典型课改材料。同时，多次在杭州、金华、仙居、黄岩等地做专题报告。

总之，把课程分成基础性和拓展性，其目的是控制统一性学习，增加选择性学习，为学生自主发展、个性化发展留出空间。因此，哪怕是体现办学特色的校本课程，也要尽量减少人人必学的内容，增加与学校办学特色有联系、又能满足学生兴趣和个性发展需要的选择性课程。在实践中，我们努力做到重整合、重品质、重个性、重实践，让拓展性课程活起来，做到形式活、空间活、时间活。

（四）课程评价：从“静态单一”走向“动态多元”

课程的评价应该与课程开发工作并驾齐驱，一方面通过评价可随时诊断课程开发中出现的问题，及时反馈信息引导修正课程，另一方面也可为教师在课程开发工作中指明正确方向。新课改以来，我国广大教育工作者在校本课程开发及评价方面付出了大量的努力，在理论和实践上都取得了一定的成果。学校为了促进学生的发展，保证课程开发的质量，研究与分析多元化的“原道”课程评价体系，设计出较有突破性的、较容易操作的多套并行的评价模式，以推进评价工作的整体变革，使评价充满人文关怀，使校园显现评价特色，使学生时时处处都愿意主动参与。具体操作如下：

1. 丰富评价的内容

（1）对“原道”课程不同阶段的评价主要有下列内容：

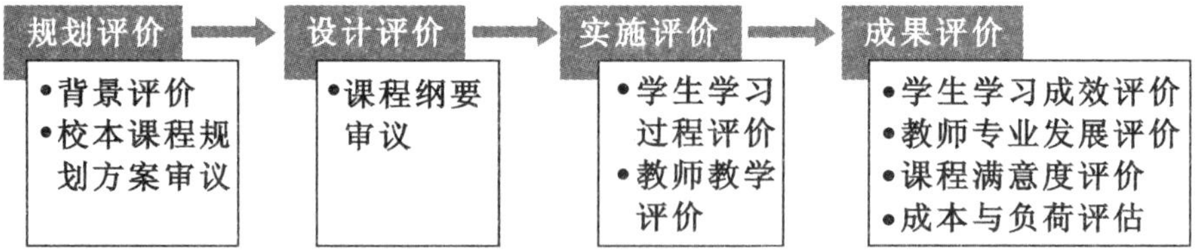

课程实施的评价主要集中于以下几个问题：课程是否达到预期目标；课程实施过程中存在哪些优点或缺点，是否需要修改和完善课程设计；课程的实际使用是否对学生具有吸引力；课程是否可持续发展；学生在学习过程中有何评价等。

（2）对于教师的评价包括教学目标的制订、教学氛围的营造、教学内容的把握、教学方法的选择，可以通过教师反思进行自我评价，也可以由课程教师设计相关问卷或其他评价工具进行。

（3）学生的评价则包含学习态度、创新意识、合作学习、学习兴趣等。

2. 拓宽评价的方式

（1）过程性评价和总结性评价相结合

过程性评价分课程实施过程性评价（见下图）和学生学习过程性评价两方面。学校在教导处组织下，对于课程开发和实施的不同时段进行评价，要求每节课教师都必须在《“原道”课程上课情况记录表》上对学生的学习情况进行评价。我们坚持在每一个阶段都开展过程性评价，修改教程，关注不同的学生，尽可能因材施教，争取缩小他们之间的差距。

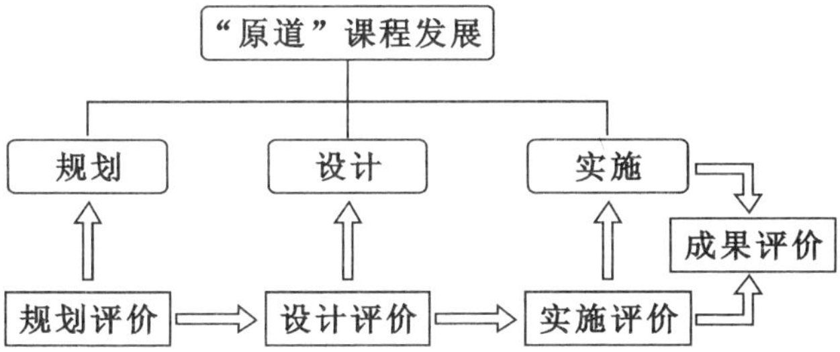

总结性评价，即对所实施的课程计划目标和学生学习目标是否达成的评价，前者由学校和学生进行，后者是教师根据学生平时的考勤、学习表现、学习效果等方面进行评优评先。

（2）即时评价和期末评价相结合

即时评价：对于课程实施者的评价由教导处组织人员推门听课和常规检查结合进行；对于学生的即时评价则是在每一节课上，教师直接奖励“原道学子卡”。期末评价：根据课程的不同，采用书面评价和现场展示两种形式对课程实施者和学生学习进行评价。期末现场展示可由“小老师”评审团和大人（家长、老师）评审团两种形式进行。

“原道”课程实施评价表

课程名称		执教者（本校　外聘）	
教育价值			
开发质量			
实施成效			
评议与指导情况			

“原道”课程教师评价表

一级指标	二级指标	三级指标	参考分值	实得分	建议
导学100分	指导思想10分	1. 体现教为主导、学为主体，疑以主轴、活动（练）为主线的教学原则	4		
		2. 重视实践能力和创新思维的培养	3		
		3. 注重德育渗透和情感熏陶	3		
	内容目标8分	4. 目标明确具体，符合学生实际	4		
		5. 内容开发、容量恰当，层次分明，针对性强	4		
	指导过程24分	6. 结构合理，多法结合，灵活运用，讲授实践不超过1/2课时	4		
		7. 重点突出，难点突破，善于激趣、导疑	5		
		8. 富有节奏，善于激起教学高潮	3		
		9. 面向全体，反馈及时，矫正迅速，时空合理	3		
		10. 注重学法指导，情知交融，启迪思维	6		
		11. 设计训练针对性强，课堂灵活生动	3		

（续表）

一级指标	二级指标	三级指标	参考分值	实得分		建议
导学100分	教师素质8分	12. 教态自然大方、语言规范、应变力强	4			
		13. 合理使用教具、多媒体	2			
		14. 板书科学、新颖、美观	2			
	全体性12分	15. 学生全体参与，积极性高，训练面广	6			
		16. 全体学生都有收获	6			
	全面性13分	17. 掌握学法，习惯良好	7			
		18. 练习效果好，思维灵活，掌握知识技能牢固	6			
	主动性11分	19. 气氛活跃，主动投入	5			
		20. 自主学习，读、思、疑、议、练、创贯穿全过程	6			
	创新性14分	21. 善于思考，勇于质疑，见解有新意	7			
		22. 举一反三，灵活运用方法解决新问题	7			
等级分数		优秀：90分以上，良好：80—90分，合格：60—79分，不合格：60分以下				

档案袋评价单

课程名称：　　　　　　　　　　姓名：

评价	评价要求	自　评			互　评		
		A	B	C	A	B	C
材料一	细致周密　可以操作						
材料二	设计合理　记录完整						
材料三	资料丰富　来源广泛						

（续表）

评价	评价要求	自评			互评		
		A	B	C	A	B	C
材料四	自主活动　记录详细						
材料五	报告规范　具有新意						
材料六	人人小结　都有收获						
其他材料							
教师点评		总体评价结论					
说明	1. 等级A、B、C，即优、良、合格；无材料不评。 2. 对补充的其他材料，可根据材料数量和质量进行评价。 3. 教师点评要求用描述性语言进行评价。 4. 总体评价结论，可用“优、良、合格、需努力”认定。						

“原道”课程学生综合素质评价表

课程名称：　　　　　　　　　　　　　　姓名：

评价者 / 内容	自己	同学	老师
学习兴趣	☆☆☆☆☆	☆☆☆☆☆	☆☆☆☆☆
基础知识	☆☆☆☆☆	☆☆☆☆☆	☆☆☆☆☆
基本技能	☆☆☆☆☆	☆☆☆☆☆	☆☆☆☆☆
综合运用	☆☆☆☆☆	☆☆☆☆☆	☆☆☆☆☆
最大的收获或最满意的成绩			

（续表）

评价者 内容	自己	同学	老师
我的打算			
综合评定			

总之，课程评价的模式多是比较宏观的、综合性的，在涉及具体的评价信息搜集的时候，还需要一些具体的方法。对教师采用考核奖励进行评价，每学期进行一次。对学生的评价则有许多种，以过程评价为例，如积分评价：对于选修课，利用《“原道”学子选修课积分存折》，六年累积，作为完成小学学业的要求之一。书面评价：对于短课，每学期期末进行书面测试，评先评优。与原道星级学子评比相结合，评出并给予物质奖励。作品展示：定期开展作品展示，激励学生进取。还可以采用量表式评价（表格）、描述性评价（评语）、故事评价（案例）、展示性评价（作品展示）等。

四、研究的成效

（一）基本建成了“原道”课程群

学校“原道”课程群通过“由上至下”（选材—试教—印刷—进课表—使用）和“由下至上”（学生自愿—选报项目—进课表—试教—反思—定稿印刷—使用）两种途径，基本建成了“原道”课程群，有序开展。以《浙江省教育厅关于深化义务教育课程改革的指导意见》为指导，对课时安排做了一些调整，如下表：

年级 / 周课时数 / 课程	一	二	三	四	五	六
“道之本”课程	1	2	2	2	2	2
“道之法”课程	2	2	2	2	2	2
“道之踪”课程	1	2	2	2	2	2

长短不一的课时

基础课时 35—40 分钟	大课时	大课间	小课时
	80 分钟	40 分钟	10—20 分钟
	2 节课，主要用于走班选课	集中时间开展各种健身活动	主要是习字、经典诵读等

民间中草药被评为市精品课程，黄岩饮食、黄岩人文景观、黄岩乡土景观、黄岩土特产、乡土手工制作、鸟儿知多少、“原道”礼乐德育课程等 7 个被评为区级精品课程，居黄岩区首位。这样的课程，是对国家课程的有效弥补。

（二）探索出了“原道”课程群建设的有效方法

1. 课程实施策略生活化

课程群作为教育教学资源，融入基础性课程，在国家课程的执行过程中，为学生提供更丰富、更贴近自己生活经验的记忆。如：当省课改小组来到“原道大讲堂”，看到主持黄岩电视台《大可讲老话栏目》的林大可老师正在为学生讲老话时，大家都不约而同地停下了脚步，仔细地听完了林老师为学生讲的一个方言故事。故事诙谐幽默，学生频频发出笑声。大家都为这样的课程叫好。此外，像黄岩人文景观、黄岩自然景观、乡土手工制作、黄岩土特产、黄岩饮食等课程，都比较贴近生活，让学生实实在在看得到，摸得着。特别是绿野寻踪课程，依托台州市野生动物保护基地、国家级湿地公园鉴洋湖、校门口 4000 平方米的寻踪园，有效开展综合性学习活动，深受师生的欢迎，有持续性。

2. 课程实施形式社团化

拓展性课程活动社团化，有力地保障了全体学生全面而自由发展的差异权益，普惠、出类、拔尖的因材施教效果客观可测。

拓展性课程安排表

活动时间	活动内容	名　称	负责人
周三上午 10：30— 11：10	走班选课	妙笔丹青（素描）	唐老师（外聘）
		黑白世界（围棋）	赵坚毅
		雅韵绵长（古筝）	蔡雪妮
		动画制作（电脑）	虞雅
		翰墨飘香（软笔书法）	陆国友
		舞动青春（拉丁舞）	吴老师（外聘）
		黄莺出谷（声乐）	池灵芝
		“原道”大讲堂	项富华、林大可
		你推我挡（乒乓球）	林坚敢
		童心妙语（小主持人）	潘佳
		琴声飞扬（口琴）	黄彪
		绿野寻踪	程玉佩
		趣味英语（故事）	张老师（外聘）
		趣味英语（口语）	蓝老师（外聘）
		梦幻足球（1）	孙老师（外聘）
		梦幻足球（2）	于老师（外聘）
		梦幻足球（3）	张老师（外聘）
		跆拳强身（跆拳道）	李老师（外聘）
		灌篮高手（篮球）	刘伟胜
		博览群书（阅读）	许彩飞
		翰墨飘香（硬笔书法）	四、五年级教师

（续表）

活动时间	活动内容	名　称	负责人
周三上午 10：30—11：10	乡土教材	黄岩自然景观	孙丽华
		乡土手工制作	李富
		鸟儿知多少	郑艳红
		黄岩土特产	郑萍
		民间中草药	鲍立增
		黄岩人文景观	卢卫红
	学科整合	绿野寻踪日记指导	徐君飞（语文）
		垃圾分类	谭金芳（综合性学习）
		走进黄岩土特产	吴文林（综合实践）
		我爱我家乡	王琼苑（综合实践）
		走进黄岩秀岭水库	金丽娜（综合实践）
		我的“寻踪园”，我做主	周文婉（数学）
		寻踪园义卖之购物问题	葛咪露（数学）
		借用“中草药”教学长方体与正方体表面积	章伟通（数学）
		认识更多的水生植物	杨照伟（科学）
		动物的生命周期	王海（科学）
		绿野寻踪之小练曲	杨萍（音乐）
		亲近家乡的动物	谢海英（班队）

在各级各类比赛中，学校拓展性课程中的学生成绩优异。歌唱社团、越剧社团、小主持社团、舞蹈社团等分别获得区级一等奖；小主持社团获得区经典诵读二等奖；在六一文艺会演中，各拓展性课程得到了很好的展示，赢得社会、师生的一致好评。本校教师参与积极性很高，计划大面积充实拓展性课程项目（本着教师自愿组织申报的原则）。如：“原道文韵”“本真数学”

“本智英语”“乐智弈原”“原道饮食”“电影文学”……

3. 课程实施方法协作化

建设课程群，为基础性课程“配料”，增加生活元素，唤醒兴趣；为拓展性课程“配方”，延伸知识攀登的结构，激发勇气，需要教育团队的协作。省督导领导对我校的课程改革评价是，做到了“五个有效”，课改保障有实效、课改导向有收效、巡查机制有成效、改革评价显实效、拓展课程成特效。学校树立了无处不课程、无事不课程、无时不课程的大课程观，构建了立德课程群、本智课程群、塑体课程群、原美课程群、好劳课程群等五大课程群，并根据地方特点，建立了“课程＋基地”的改革模式，特别是梦幻足球和绿野寻踪这两个精品课程，接地气，有成效。另外，学校的校园文化建设能体现学校本位的特征，重视学校传统，关注已有创新，倾听师生声音，从学校的文化价值出发，亮点纷呈。总之，这样的课程群建设顺应了国家的需要，是行之有效的。

参考文献：

［1］柯孔标．义务教育拓展性课程若干问题之我见［J］．教学月刊，2016.

［2］陈如平，刘宪华．学校课程新样态［M］．北京：开明出版社，2016.

［3］浙江省基础教育课程改革工作领导小组办公室．浙江省深化义务教育课程改革指导手册［M］．杭州：浙江教育出版社，2016.

［4］丁文萃，杨李娜．中小学校本课程评价主体探析［J］．西南交通大学学报（社会科学版），2013.

［5］赵新亮，周娟．校本课程评价的内涵与实施策略［J］．教学与管理，2011.

校园“梦想吉尼斯”建设的行动研究

魏立强①

随着新课程改革不断深入，素质教育也与时俱进。但是，学生学习目的性模糊，学习主动性欠缺，缺失梦想，缺失挑战，出现自信心不足和学习焦虑等一系列问题，阻碍了素质教育改革前进的步伐。而校园“梦想吉尼斯”的建设能为学生的课余生活搭建一个参与竞争和自主学习的平台，为学生提供更多的个性特长展示机会，挖掘学生创新潜能和开发非智力因素，是一种课堂外的教育形式，帮助更多的学生树立自信心，找到“我最棒”的感觉，促进素质教育改革纵深发展。它是基于“梦想成就人生，成功贵在坚持”的人才培养模式，坚持“成人比成才更重要，成长比成功更重要”的育人理念，倡导“发展即成功”。每个孩子在“梦想吉尼斯”中都能得到成长，经历营造吉尼斯氛围——唤醒梦想、助力吉尼斯活动——挑战梦想、举行吉尼斯狂欢——成就梦想这三个时期，最终形成健全的人格和鲜明的个性。

---

①魏立强，男，本科学历，中小学高级职称，时任浙江省临海市汛桥镇中心校校长，本课题负责人。现任浙江省临海市古城小学校长、书记，中共临海市第十四届党代表，长三角中小学名校长培养人选。曾获全国读书教育活动优秀辅导师、浙江省教科研先进个人、台州市名校长、台州市优秀教育工作者、临海市教学能手、临海市优秀教师等荣誉。撰写的论文在省级以上刊物发表十多篇，在省市级论文评比中获奖三十多篇。主持国家级课题一项、省级两项、台州市级七项、临海市级一项。教科研成果获省二等奖一项，台州市一等奖一项、二等奖三项，临海市一等奖两项。该课题成果获台州市教育科研优秀成果一等奖。

一、问题的提出

吉尼斯是对自己极限的挑战，是对自己潜力的深度挖掘。每个人都是不简单的，“你之所以默默无闻是因为你生活中缺少挑战，每一次的挑战都是对自己潜力的激发”。而校园“梦想吉尼斯”活动的开展为学生的课余生活搭建了一个参与竞争和自主学习的平台，为学生提供了更多的个性特长展示机会，为挖掘学生创新潜能和开发非智力因素创建了课堂外的教育形式，帮助更多的学生树立了自信心，找到了“我最棒”的感觉，促进了他们身心的健康发展。校园“吉尼斯活动”既丰富了校园文化，又实现了“多一把尺子就多一批人才”的教育理念。

汛桥小学是一所位于城乡接合部的农村小学，包括一所中心小学和两所完小。学校校园文化建设在汛桥镇各小学已有历史，早在2002年，汛桥镇杨梅小学就开展吉尼斯活动，项目5项。到2006年，汛桥镇中心小学也推广校园吉尼斯活动，项目增至8项。从此，全镇各小学掀起吉尼斯热潮，吉尼斯活动深受学生喜爱。十多年来吉尼斯活动年年办，项目年年丰富，校园吉尼斯纪录也不断刷新，在举办吉尼斯活动的过程中有不少经验和教训，这些素材恰恰是进行中小学教育科研的宝贵资源。把这些经验或教训提炼总结出来，并运用到校园文化建设和学校教育教学管理中，将有助于学校特色文化的形成。

随着新课程改革不断深入，素质教育也与时俱进。但是，他们曾在调查中发现中小学生课业负担仍旧过重，学生学习还存在目的性模糊，学习主动性欠缺，缺失梦想，缺失挑战，自信心不足和学习焦虑等一系列让人不容乐观的状况。这些不争的事实阻碍了素质教育改革前进的步伐。校园“梦想吉尼斯”的建设实施梦想教育、挑战教育，能改进教育教学管理活动，促进素质教育改革向纵深处发展。

在社会大发展的今天，激烈的人才竞争是必然的趋势。《国家中长期教育改革和发展规划纲要（2010—2020年）》提出："更新人才培养观念，树立多样化人才观念，尊重个人选择，鼓励个性发展，不拘一格培养人才。"校园"梦想吉尼斯"的建设就摒弃单纯以分数论英雄的育人观念，而是关注学生的全面发展，培养学生的个性，以此培育多样化人才、创新性人才。因此，校园"梦想吉尼斯"的建设不仅有助于学校特色的建成，而且有助于素质教育改革的深入，更能推进区域内文化特色的形成和教育教学质量的提升。

二、相关研究

整理了国内有关校园吉尼斯的图书和资料，发现校园吉尼斯活动大多借鉴"吉尼斯世界纪录"而展开，组织比赛，让少数身怀"绝技"的学生大显身手，活动在国内高校中开展的居多，也有在中学中开展的。但多是为了丰富团支部生活，因项目难度大、受益面窄而不能很好地适合并满足广大中小学生的实际需求。究其原因，可能与活动的组织者有关，他们大多是团支部书记，无法从学校管理的视角看待此类活动，难以惠及全体学生。近年，国内一些小学也率先开展校园吉尼斯活动，如深圳市南山区松坪小学，虽不乏具体化的材料，但还是追寻挑战极限，缺少梦想教育，也鲜有让每个孩子在吉尼斯活动中体验成功、超越自我的操作实例。因此，基于校园开展"梦想吉尼斯"教育，着眼少数人的成功教育转变为多数学生的成功体验，用来解决当下学生个性发展中的典型问题，提供系统的、典型的操作参照，极为迫切。

三、推进思路

基于"梦想成就人生，成功贵在坚持"的人才培养模式，坚持"成人比成才更重要，成长比成功更重要”的育人理念，倡导“发展即成功”。“梦想吉尼斯”不等同于一般意义上的吉尼斯活动，它是独特的，主要体现在：

（1）不只是一个结果展示，而是一个完美的唤起梦想—挑战梦想—成就梦想的教育过程。

（2）它既是一个他育过程，更是一个自主唤起、自主挑战、自主实现的自我发展过程。

（3）它首先倡导的是让孩子与自己比，着眼于自我发展、自我超越，从“他”到“做更好的他”，从“人人获得发展”到“人人享受成功”。本着这样的理念，每个孩子在“梦想吉尼斯”活动中得到成长就要经历三个时期，最终达成健全的人格和鲜明的个性。项目研究也按三个层级进行推进。

如图所示：

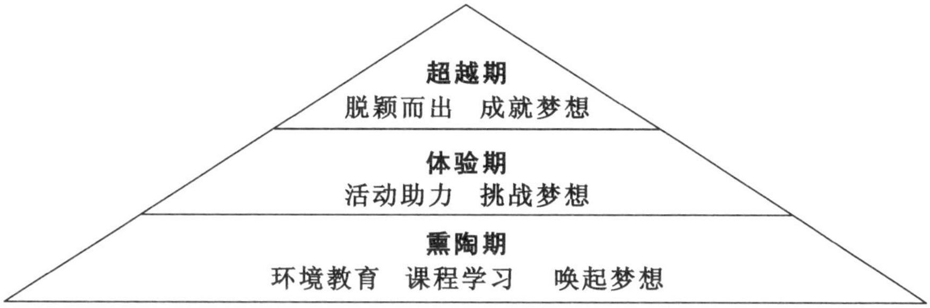

汛桥镇小学生“金字塔型”的“梦想吉尼斯”活动成长模式

四、实践探索

（一）构建助力营

1. 设计框架

活动是儿童成长的乐园。本着“主体发展，挑战梦想”的理念，课题组开展“助力梦想，相约吉尼斯”助力营活动，主要帮助学生练就各种技能，为挑战自己的梦想做好充分准备。助力营组织规模不一，少则几人，多则几十人。参加助力营的学生渴望成就感，渴望自我成才和发展。为此，他们为突出研究的实效性，努力构建促进孩子发展的助力营框架。

（1）突出学校对助力营的引导帮助作用，合理设置营区的组织机构

由于参与助力营的学生个体心理发育不够成熟，善于变化，认知水平和自我管理、控制能力较差，配备指导老师以加强管理是必不可少的措施。在学生助力营组织中，传统班集体组织内含的管理机构应外化或简化，并上升到组织最高层，使其具有权威性，例如各营区设置一名或两名指导老师专门负责指导助力营运作、技能的培训。

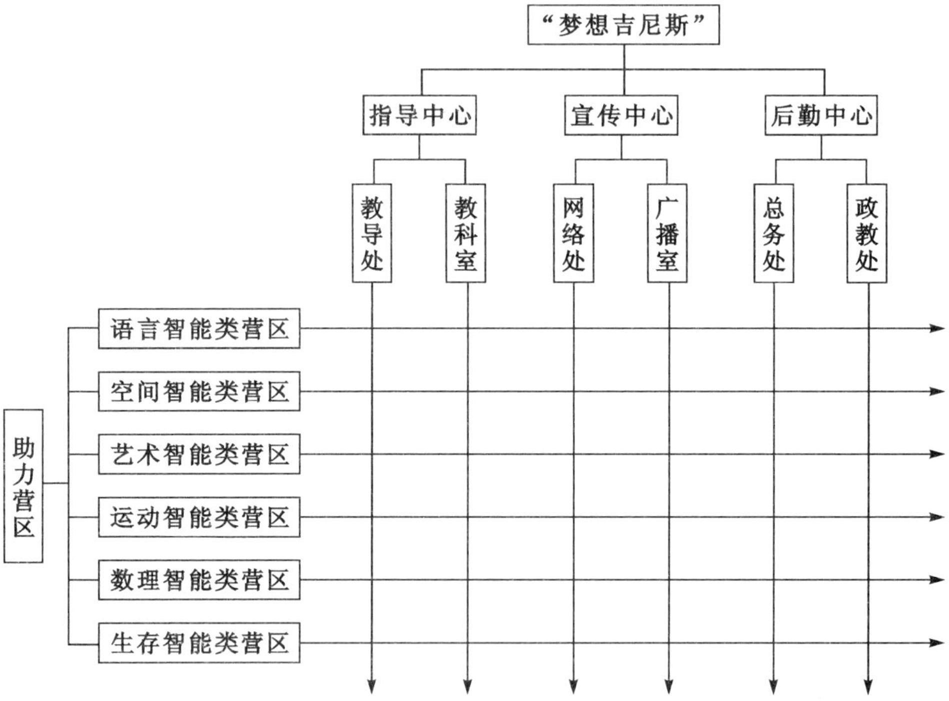

（2）突出多元智力理论，合理设置营区

世界著名教育心理学家加德纳认为，人的发展在于对多元智力的开发。他反复强调，帮助每一个人彻底地开发其潜在能力，需要建立一种教育体系，能够以精确的方法来描述每个人的智力演变。学校教育的宗旨应是开发多种

智力，并帮助学生发现其智力的特点，促进其全面发展。课题组在深入学习这一理论的基础上，特设立了六大营区：语言智能类助力营区、空间智能类助力营区、艺术智能类助力营区、运动智能类助力营区、数理智能类助力营区、生存智能类助力营区，每个营区均设有一个或多个助力班。

2. 充实助力营区

结合学校实情，努力开展好“梦想吉尼斯”助力营情况调查，从辅导教师特长至学生兴趣爱好两个维度进行调查。通过全面可行准确的调查，构建最适宜的助力营予以开展活动。

第一轮：

根据已构建的助力营区，课题组在全校教师会上向全体教师下发《助力营项目申报表》，征集项目；同时，让各班班主任向学生进行征集，以充实各助力营区。

汛桥小学校园“梦想吉尼斯”助力营项目申报表

班级	姓名	项目名称	比赛规则	针对年级

第一轮全校40多位教师及18个班的学生均参与了项目的征集。在各班班主任进行了首次筛选后，课题组将所征集到的项目结合学生的年龄特点及各种社会现状，再次进行了整理，并确定了106个项目。

汛桥小学校园“梦想吉尼斯”助力营项目及规则

序号	项目名称	比赛规则	限报年级	类别
1	查字典大王	在规定的10分钟内，查的方法不论，记下页码，查正确的字数多者为胜	二至六年级	语言智能类
2	成语接龙王	以5人组队，主考员给一成语，任一队员往下接，要求首尾字相同或音相同，接成语个数多者为胜	三至六年级	
3	歇后语王	规定时间内说的多者为胜	二至六年级	

第二轮：

课题组根据首轮确定的106个助力营项目，进入第二轮学生自主选择助力营项目。他们组织学生依据自己梦想的先后顺序（每人限报两项），填报《“梦想吉尼斯”项目申报表》，按第一、第二志愿排列。同时，也可创意申报规定项目以外的项目，想好项目名称、比赛规则。

汛桥小学校园“梦想吉尼斯”创意项目申报表

班级	姓名	创意项目名称	比赛规则	针对年级
四（2）班	杜海阳	海阳飞镖	在规定距离外扔飞镖，按镖中的分值累积，规定次数分值最高者为胜	三至五年级

这一轮，给学生留有充足的思考时间，提醒他们可以找同学、老师或家长进行商量决定。同时在“梦想吉尼斯”创意项目上，还鼓励他们积极参加申报，去搜寻一下有益的、有意义的活动项目，并允许他们去争取人气，申

报自己的创意项目，以便入选学校的助力营项目。有了这一建议，学生的积极性很高，他们各显神通，想到了创意项目名称后，就不断地去拉“赞助”，以聚集人气。

本轮自主申报结束后，学校收集到的学生创意项目很多，如“炜涛射击”，就是四（2）班学生周炜涛设计的射击项目。但学校也发现学生申报的项目参差不齐，有的项目申报多达百余人，如“海阳飞镖”“炜涛射击”“羽毛球王”等；有的项目无人问津，如“阅读王”“毽子王”等。

“梦想吉尼斯”助力营项目报名人数统计

序号	项目	六年级			五年级			四年级			三年级			二年级			一年级			合计
		1	2	3	1	2	3	1	2	3	1	2	3	1	2	3	1	2	3	
68	炜涛射击		1	14		8	13	4	14	2	10	1	17		3	14	8			109
67	羽毛球王	3	1	1	2	18	5	6	4	9	7	7	1			12	5	1		82
79	金鸡独立		5		1		19	13	2	20	4		6			2	4			76
…	…																			
合计		62	65	61	46	86	88	82	86	74	77	72	82	37	71	80	158	49	49	

第三轮：

课题组根据学生自主申报项目人数从多到少排列顺序，申报人数在10人以上的项目留下，10人以下的项目删除，这样只留下了42个项目。

接下来，请老师们将留下的项目自主申报辅导师，以发挥自己的特长，同时要求每个老师至少申报一项。

汛桥小学校园“梦想吉尼斯”助力营辅导师申报表

请各位辅导师阅读《汛桥小学校园“梦想吉尼斯”助力营项目清单》，

并从中选择一项填在下表第一行（规则免填）。如果还有富有特色的创意项目申报，请填在第二行。谢谢您的积极参与！

辅导师姓名	申报序号	项目名称	规则
陈孝华	23	种菜能手	

汛桥小学校园“梦想吉尼斯”助力营教师申报统计表

序号	项目	辅导师姓名	序号	项目	辅导师姓名
1	炜涛射击		22	舞蹈	卢砚蕊
2	羽毛球	胡士辉	23	养鱼	
3	金鸡独立	李玲莲　许冬青　许美华　徐冰新　朱倩倩	24	种菜	王美丹　韩　黎　陈孝华
4	夹弹珠	吴雪珍　冯　敏　蒋　翎	25	吹泡泡	徐　敏　叶颖琼　王美芳
5	遥控车障碍赛	王克华	26	跳棋大师	黄林芳　朱荷兰
6	象棋		27	跳远	谢加喜
7	排球		28	轮滑或滑板	
8	方氏装卸王		29	编佳瑶辫子	冯超超
9	七巧板		30	田径	毛必献
10	海阳飞镖	蒋亨华	31	跆拳道	

（续表）

序号	项目	辅导师姓名	序号	项目	辅导师姓名
11	花样溜溜球	陶英英	32	晋远套圈	金婉玲　杨青利
12	纸飞机		33	打字高手	牛秦汉
13	单人跳绳	杜素敏	34	书法	
14	玩陀螺	孙取明	35	说成语	
15	剪纸	黄海清	36	记数字	谢才理
16	呼啦圈	潘崇福　李　萍	37	查字典	余美利
17	五子棋大师		38	诗文诵读	赵卫玲
18	跳皮筋能手		39	集体跳绳	金菊香
19	小百灵鸟	何盼盼	40	踢毽子	冯东敏
20	摄影		41	插花	
21	漫画	戴梦清	42	篮球	

从上表的申报结果看，老师们也积极参加活动项目的申报，但还是出现了与学生们申报时类似的问题。有的项目辅导师申报重复，如“金鸡独立”“种菜”等多达四五个人，有的项目却空无辅导师，如书法、说成语等。

从表中也不难发现，有的项目并不是教师不愿申报，而是限于自身的能力、特长等，担心难以胜任；同样，有的项目简单、易操作、易指导，无疑就成了“抢手货”。

3. 确定营区

综合各班学生所申报的项目、辅导师申报的项目，课题组做了统筹安排。确定了六大营区26个项目为校园“梦想吉尼斯”助力营，并再次向全校学生发放申报表，进行申报、调整、落实。

汛桥小学校园“梦想吉尼斯”助力营活动项目一览表

序号	项目	序号	项目	序号	项目
1	海阳飞镖	10	遥控车障碍赛	19	剪纸能手
2	羽毛球高手	11	玩纸飞机	20	摄影大师
3	金鸡独立能手	12	玩陀螺	21	漫画大师
4	排球高手	13	吹泡泡能手	22	小书法家
5	田径高手	14	花样溜溜球	23	种菜能手
6	跆拳道能手	15	夹弹珠高手	24	诗文诵读能手
7	篮球高手	16	跳皮筋能手	25	跳棋大师
8	单人跳绳能手	17	编佳瑶辫子	26	七巧板能手
9	呼啦圈能手	18	舞蹈大师		

校园“梦想吉尼斯”助力营共开设了26个项目的活动，同时各个助力营学生的申报均超过了10个人，有的甚至超过60个人。

他们根据学生申报助力营的人数统筹开设助力班，10个以上学生报名的可以开班；超过60个人的，分设两班。如海阳飞镖、羽毛球高手两大项目均超过60个人，分别开了两个班。其他项目均开一个班，共计六大营区26个项目28个班。

4. 落实辅导师

每个助力营的助力班在教师申报的基础上，学校综合考虑教师的年龄、特长、风格等要素，统筹安排一个班至少有一个或一个以上老师辅导，尽力做到人尽其才。学校还整合了身边的资源，引进社会上有特长的人士辅导，如跆拳道、象棋的教练就是外聘的。

5. 活动时间安排

助力营活动的时间安排是他们课题组面临的又一大难点，他们在近一年的实践过程中不断摸索，同时乘着义务教育课程改革的浪潮，他们得到了顺利推进。

第一阶段：课内外结合

关于助力营活动时间，他们与教导处协商后，在校务会上得到了通过——每两周进行一次。整合班队活动课、体艺活动开展助力营活动。每个单周的周三下午第三节上班队活动课，每个双周的周三下午第三节举行吉尼斯助力营活动，并向后延迟20分钟，结合体艺活动时间一并开展吉尼斯助力营活动，时长60分钟。

第二阶段：课内开展

2015年9月，学校为全面贯彻党的教育方针，落实立德树人的根本任务，更好地帮助每一位学生实现全面而有个性的发展。学校根据《浙江省教育厅关于深化义务教育课程改革的指导意见》的精神，结合本校的实际情况，进行了课程改革，在保留原来的品德、语文、数学、英语、科学、体育、音乐、美术八门基础课程的前提下，设置了地方课程、校本课程、综合实践三大类。校本课程就是校园“梦想吉尼斯”助力营活动，内容涉及知识拓展、体艺特长、实践活动等三类；地方课程主要包括写字、人·自然·社会、劳动和技术教育、信息技术；综合实践主要包括安全教育、科普教育、学科专题教育、地方历史和文化教育、科技活动、社会实践、调查探究、研究性学习等。

实行了课程整合后，他们将助力营活动集中安排在每周三下午的第三节课。在年级组内实行学生走班，教师在固定地点上课，内容由任课老师告知年级组的各班主任，由班主任通知本班学生，实行走班上课。

6. 场地安排

助力营场地安排盘活了校内的空间资源，共分为两大区块：室内营区和露天营区。室内营区主要安排静态项目，如诗文诵读能手、小书法家、漫画大师等。露天营区主要安排动态项目，如遥控车障碍赛、排球高手、跆拳道能手等。单一个后操场，大篮球场、排球场、羽毛球场、跑道、草坪、围墙边水泥地、综合楼边过道，每个地方都有安排，尽量地尽其用。除了校内的露天营区，他们还租用了村里的一块地，开辟校外实践基地，供种菜项目组活动。

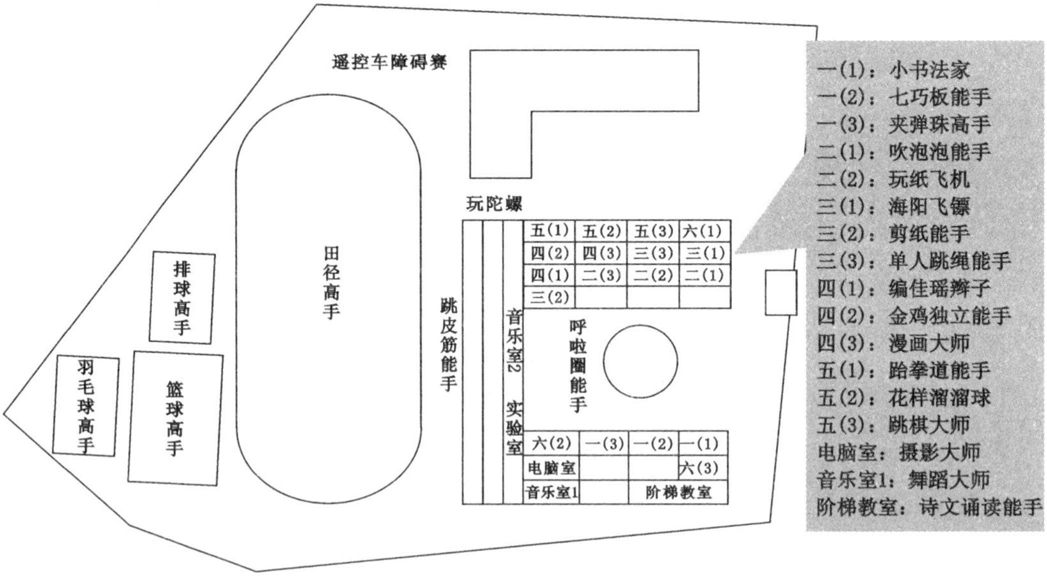

汛桥小学校园“梦想吉尼斯”助力营活动场地安排平面图

（二）编制教材

为确保吉尼斯活动扎实、有效地开展，课题组配合学校对助力营辅导师上辅导课也提出了明确的要求：学期初需制订本项目的活动计划或课程纲要，有具体上课方案或活动方案才可进助力营，对助力营的活动要随时记录，关注学生的技能学习状况，努力帮助学生在助力营里练就“梦想吉尼斯”技能。

各课程根据学校实际，以及学生的认知特点、生理特点等，分别就课程的教学目标、教学内容等做出详细安排，全校每周一节课，并且做到指导教师、训练时间、训练内容和训练地点的“四落实”。

1. 校园“梦想吉尼斯”教学目标

总体目标：根据学生的认知特点和生活经验，遵循学生的心理特征，用大量富有发展意义和创新意义的吉尼斯建设活动，熏陶学生，锻炼学生，发展学生，帮助学生实现梦想，享受成功，促进学生健康个性与健全人格的发展。

部分助力营具体目标：

“漫画大师”营区：尊重学生个性发展，让学生的思维在快乐活动中得到开发，让创造力在美术创作中得以提高，在生活中寻找到审美的灵性和艺术的灵感。

“剪纸能手”营区：通过让学生折一折、剪一剪、贴一贴、涂一涂，培养学生的动手操作能力以及创新精神、实践能力和团队合作能力，激发学生对生活的热爱以及发现美、创造美的愿望。

“海阳飞镖”营区：使学生了解飞镖的起源与发展现状，飞镖的种类，软、硬飞镖的投掷方法及不同的计分比赛方式，飞镖竞赛规则与裁判法及飞镖竞赛礼仪，以培养学生对这一休闲运动的兴趣。

“呼啦圈能手”营区：通过各种花样呼啦圈游戏发展学生的速度、灵敏以及协调性，培养学生自主学习和互助合作学习的能力。在活动中，让学生体验成功的乐趣，展示自己及小组的风采，激发学生学习兴趣，体现团队协作精神。

2. 校园“梦想吉尼斯”教学内容

结合学生的认知、生活经验和社会文化资源，遵循学生的心理特征，他们根据各助力营的实际情况确定教学内容：

项目	形式	内容
童话纸书签	采取“三个一”原则，即“一学期”“一本书”“一张书签”的形式，科目内容的设计有延续、有发展，现阶段纸艺书签的制作是围绕《格林童话》展开的，后续教师可以根据实践的效果、学生的需要，对课程内容不断补充和调整，如《安徒生童话》《王尔德童话》《一千零一夜》《阿里巴巴和四十大盗》等，使科目内容更丰富、科目体系更完善	本着“感悟—情趣—体验—创作”的学习原则，选择学生感兴趣的、熟知的经典童话名著，如《格林童话》中的《青蛙王子》《六只天鹅》《森林中的三个小矮人》等，将学生对童话故事的感悟、多样的纸艺技艺表现手法融入纸艺书签的制作中

（续表）

项目	形式	内容
经典诵读	以口诵为主，视频欣赏、个人诵读、老师范读为辅	第一学期主要以儿童声律启蒙、儿童诗诵读为主，如《星星变奏曲》《假如》，第二学期以古诗词诵读为主。发声练习贯穿始终
玩陀螺	以个人练习为主，辅以理论的讲解、方法的示范指导	教学学生缠陀技术、放陀技术、打陀技术、赛陀技巧

（三）唤起梦想

1. 走进校园时，感染梦想。设计“梦想吉尼斯”主题的校园环境，如吉尼斯长廊，吉尼斯墙等，适宜地展示各位吉尼斯名家的精彩故事、卓越成就，以此熏陶感染学生，激发学生参与“梦想吉尼斯”助力营活动的热情。

2. 学习课程时，憧憬梦想。让学生从众多的吉尼斯纪录创造者中挑选他们喜欢学习的又极具代表性的名家，再加上 8 位镇吉尼斯纪录创造者，连同他们的事迹编进校本教材《梦想·吉尼斯》。让全体学生走近吉尼斯名家和身边的小吉尼斯者，感受吉尼斯的魅力，领悟成功的真谛，而后憧憬自己的梦想。

3. 置身班级时，唤起梦想。每班推选自己班级引以为傲的吉尼斯名人，提炼名人精神，制作成“班级名片”，形成全员认同的文化，时刻鞭策学生。同时，班级设置专题黑板报或“梦想”专栏，唤起学生的梦想意识。

4. 在班队活动时，畅游梦想。课题立项后，全校引导教师在各班组织了“他的吉尼斯梦想”班队主题活动课，让孩子有时间畅游自己的梦想，可以是一个或多个梦想，并按自己的意愿有序排列多个梦想。

（四）挑战梦想

2015年3月11日下午，全校师生参加了“梦想吉尼斯”助力营活动启动仪式。启动仪式首先由魏立强校长致开幕词，然后由该校徐向阳老师宣读吉尼斯项目辅导师名单，最后学生代表发言，发动全体师生积极参与“梦想吉尼斯”助力营活动，在活动中体验成功，感受快乐。启动仪式结束后，由各吉尼斯项目辅导师带领自己助力营的学员开展了首次分组活动。

（五）成就梦想

举行吉尼斯狂欢，让学生在掌握技能后，参加吉尼斯挑战赛活动，成就梦想。

1.“梦想吉尼斯”狂欢挑战活动理念

通过校园“梦想吉尼斯”狂欢挑战活动，使学生享受愉快、幸福的童年生活，收获体验、收获快乐、收获积极向上的情感；使学生在活动中学会选择、学会竞争、学会表现自己并发现自己的优势所在，从而增强自信心，确定自信感，悦纳自己，进而不断地挖掘自己的潜能；使学生在活动中不断挑战自我，超越自我，并在不断超越的过程中，学会创新，磨炼意志，坚强毅力，培养精神。

2. 构建“梦想吉尼斯”挑战赛的操作模式

月赛。着眼“自我超越”，狂欢活动分四个层级：挑战自己的吉尼斯纪录，挑战班级的吉尼斯纪录，挑战年级组的吉尼斯纪录，挑战学校的吉尼斯纪录。四个层级对应一至四星纪录。学校将安排每月最后一天的最后一节课为固定挑战时刻，先挑战个人项目，再挑战集体项目。任何一次挑战成功，都会获得相应的星级纪录，在校“梦想吉尼斯”网站上公布。

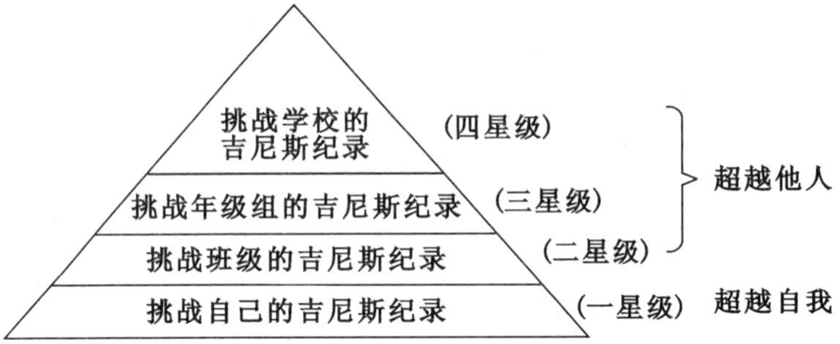

年度总决赛。每年的12月，各校的学校吉尼斯纪录挑战成功者集中在中心校，挑战汛桥镇的吉尼斯纪录。元旦，学校对各级吉尼斯挑战成功者进行颁奖或新闻发布。老师辅助学生，让学生全程参与策划、举办新闻发布会或颁奖晚会，邀请家长参加。颁奖后还可举行延展性活动：吉尼斯新闻采访、吉尼斯人物专访、吉尼斯体验作文、吉尼斯经验交流等，让学生在吉尼斯狂欢的前后系列活动中得到更多的历练，合作互赢，获得信心，收获精彩。

3. “梦想吉尼斯”挑战赛活动阶段安排

第一阶段：纵向比，超越自我

着眼“自我超越，成就梦想”，班主任组织每位学生挑选最想挑战的一个项目，在班级场地挑战自己的极限，可以邀请一个伙伴做裁判，以刷新自己的吉尼斯纪录。比学期初有进步即挑战成功，成一星级营员。每个班级填好“（　　）班校园‘梦想吉尼斯’狂欢活动记录单”上交，并且每个项目推荐2—3名学生参加学校预赛挑战（集体跳绳除外）。

第二阶段：横向比，超越他人

挑战学校的吉尼斯纪录预赛活动。各辅导师组织各班代表挑战学校吉尼斯纪录预赛活动，可以请学生做裁判，并填好“（　　　）项目校园‘梦想吉尼斯’狂欢活动预赛记录单”。学生挑战成功，成二星级营员。每个项目推荐6人参加学校的吉尼斯纪录决赛挑战。

呼啦圈项目校园“梦想吉尼斯”狂欢活动预赛记录单　记录者：＿＿＿＿＿

序号	参赛人员	成绩	纪录创造者
1	谢博涵	21秒36	
2	郑志伟	15秒19	
3	李君飚	28秒80	
4	朱嘉豪	10秒25	
5	谢锦浩	9秒89	
6	谢志诚	23秒54	

挑战学校的吉尼斯纪录决赛活动。学校先搭台展示各班的吉尼斯纪录挑战者挑战学校吉尼斯纪录个人项目总决赛，再进行集体跳绳项目吉尼斯纪录挑战总决赛。挑战成功者将会获得三星级纪录，创造新的吉尼斯纪录者将会获得四星级纪录，在校“梦想吉尼斯”网站上公布。镇中心校将对学校吉尼斯挑战成功者进行颁奖或新闻发布。

五、初见成效

一年多来，课题组教师接受了“梦想吉尼斯”这一实验课题，大胆进行课题实验，付出了艰辛的劳动，也取得了阶段性的成果。

（一）开放学习时空，打通梦想现实

当前填鸭式的教育磨灭了孩子的心志，分数淹没了孩子的兴趣，家庭的溺爱、娇惯摧残了孩子的意志，但是校园“梦想吉尼斯”的建设在原来校园吉尼斯活动的基础上添加了梦想元素，基于活动，基于体验，基于成长，让孩子找到自己的梦想，敢于挑战面临的困难，使梦想教育和挑战教育完美融合，促成学生有时间活动，有空间挑战，有机会成功，以实现孩子幸福学习、个性成长。“梦想吉尼斯”活动以玩促学，在学生中获得了很好的反响。

（二）构建和完善校本课程体系

随着活动的开展，课题组逐渐开发了一系列助力营课程，按不同营区编制课程纲要、制订教学目标及撰写教案，并将其纳入学校课表当中。不仅课题组的老师在做，其他老师也在做，形成了比较丰富多彩的校本课程体系。在此基础上，课题组还不断丰富和完善助力营的校本课程。目前，“梦想吉尼斯”助力营的校本教程已在编制中。

（三）促进了学生、教师各方面的发展

1. 提高了学生的人文素养和个性品质

一年多的助力营生活，不同的学生在不同方面得到了发展，提高了学生言语、数理、艺术、运动、空间、自然探索等方面的智能，增强了学生的语言表达能力、实践能力、创新能力和动手能力等，使学生掌握了使用飞镖、打陀螺、下棋、摄影、插花等 20 多项方法与技能，从仅会到会、从不太熟悉

到得心应手。

同时，通过助力营活动，改变了学生浮躁的性格，磨炼了学生的意志。课题组通过对各个年级中后进生的跟踪观察，发现这些学生在经过一段时间的助力营生活后，自信心增强了，与同学们交流也有话题了，上课也坐得住了，对部分学科的学习热情、态度、习惯也有了明显改变。

2. 提高教师的科研能力，培植科研新秀

由于农村学校主客观条件的限制，部分老师被日常杂事搞得疲乏，不愿或不会开展助力营活动探究，无法激起学生对活动的持续兴趣。但是，借助校园“梦想吉尼斯”助力营建设的平台，学校统筹安排，营造氛围，促使广大师生积极主动投身“梦想吉尼斯”的研究活动，推进研究的可持续发展。从此，锻炼和培养了一批具有思考和研究能力的教师，为学校教师的专业化发展和师资队伍的建设写上了浓墨重彩的一笔。

（四）产生的社会影响

1. 素质教育，提升内涵

通过校园“梦想吉尼斯”的建设，学校进一步明确了办学理念和办学特色，将校园“梦想吉尼斯”建设作为学校的品牌来打造。由此，学校成为台州市36所学生解放行动联盟之一，正如戴冠福局长所说：“学生解放行动不是一个简单的行动，这是影响台州教育理念的一次大变革。”学校参加该联盟，也是该校素质教育的一大突破，为学生留出了更多的时间让他们活动，走出校门、走向社会，提升了学校的内涵与影响力。

2. 媒体宣传，扩大影响

汛桥小学的校园“梦想吉尼斯”助力营建设也吸引了多家广播、电视、报社、教育网站等媒体的关注。《临海新闻》于2015年6月15日报道了学校的“梦想吉尼斯”助力营开展情况。《今日临海》于2015年7月6日刊登了学校的“梦想吉尼斯”助力营的教育实践过程。同时，《临海教育网》《中国临海》新闻网等媒体均报道、展示了学校的“梦想吉尼斯”助力营开展的情况。此举引起了社会的极大关注，扩大了学校的知名度与美誉度。

六、问题与思考

尽管在活动开展之前有详细的组织和计划方案，活动进行中学校和教师也做了大量的工作，取得了一定的成绩，但反思整个过程，还是存在着颇多不足之处。

思考一：如何挖掘学校自身及社会资源，建设一支高素质的教师队伍？

为适应教育改革的需要，他们将继续培植教师的科研能力，建设一支高素质的教师队伍，使课题实验顺利进行。

1. 对于科研骨干，严格要求，勇压担子。严格要求课题组主要成员加强学习、实践，对他们勇压担子、加砝码，要求他们把压力变为动力，努力钻研业务，提高科研素质。

2. 对于全体教师，加强培训，提升群体素质。鼓励全体教师努力学习，积极参加各种培训，不断完善自己，并将创造更有利的条件，让教师外出学习、参观、研讨，开阔眼界，学习先进经验，改革教学模式，同时，学校尽量多邀请教育行家来校指导，使全体老师都能受益，使课程研究更有序地开展。

思考二：如何在“梦想吉尼斯”助力营活动实施的过程中培养学生学习的能力、挑战的精神，为每一个学生提供可持续发展的机会？

希望每位辅导师在助力营活动计划的指引下，规范助力营活动课的教学设计，努力将每次的活动设计打造成精品课，以培养学生学习的能力、挑战的精神。同时，学校也将展开活动课教学研讨，以进一步促进助力营活动的高效开展。

思考三：如何组织“梦想吉尼斯”的赛事，承旧创新，进一步展示学生的学习成果，激励学生养成良好的学习品质?

通过实施传统吉尼斯比赛方案和“梦想吉尼斯”狂欢方案，及时比较、发现、探讨研究中的问题，及时调整活动方案，使研究扎扎实实地进行下去。坚信只要他们努力用新的教育理念来指导实践活动，使学生真正成为学习的主人，学生就会在自主探索的活动中享受到浓浓的乐趣，尽情地释放创造潜能，他们的课程改革也终将圆满。

参考文献：

［1］浙江省教育科学研究院. 解放学生——育人模式改革的浙江样本［M］. 杭州：浙江大学出版社，2014.

［2］邢至晖，韩立芬. 特色课程八解［J］. 上海教育，2014.

［3］陈鸿芬. 学习中外名家　争当优秀少年［J］. 福建教育，2014.

［4］英国吉尼斯世界纪录大全有限公司. 吉尼斯世界纪录大全2013［M］. 北京：海豚出版社，2013.

［5］王斌华. 校本课程论［M］. 上海：上海教育出版社，2010.

［6］皮连生. 教育心理学［M］. 上海：上海教育出版社，2014.

［7］李晓勇. 校园吉尼斯活动探索［J］. 教学与管理（理论版），2010.

［8］张安亭. 释放激情，挑战自我，超越极限：关于初中学生进行“校园吉尼斯”活动的研究［J］. 体育世界，2013.

［9］郑晓明. 校园吉尼斯的实践与探索［J］. 学园，2010.

学习共同体教学模式下小组合作学习的研究

李慧玲①

新一轮课程改革以来，“自主、合作、探究”成为课堂教学方式改革的核心话题，合作学习作为当代主流教育理论与策略之一在国内受到高度、充分的重视，不管在理论研究层面还是教学实践层面，均取得一定的成果和教师的普遍认可。但是静下来思考，这种比较普遍的小组合作学习方式是基于20世纪80年代以来迫切希望改变“满堂灌”的教学方式，是基于国家教育资源失衡的情况下不得已而为之的。学习共同体中的合作学习应该强调小组中的每一个成员都要学习，而且要互相学习。关注个体通过同他人的合作，碰撞思想，产生自己的想法。

---

①李慧玲，女，大学本科，中小学高级教师，现任浙江省台州市三门县心湖小学书记，系浙江省三八红旗手、台州市名教师、台州市教坛新秀、台州市优秀教育工作者、台州市第五届政协委员。主持市、县课题八项，参与省课题两项，有着丰富的教学实践经验、极强的教学能力与水平，多次在市内上展示课。近年来，更是潜心研究佐藤学学习共同体，带领老师开展课堂教学改革，共同提升专业素养，变“先教后学”为“先学后教”，实现课堂的学教翻转。她的教育理念：“成长，并协同成长，让角落里的花儿也有春天！”系本课题负责人，课题组成员还有蔡佳苹、林丽娇、林卫芳，本报告系台州市教学研究课题成果。

一、存在的问题

纵观我国传统的合作教学，至少存在以下“缺失”：

1. 学生缺乏积极的、真正意义上的合作意识，小组成员角色分配过于明显，人为切割痕迹比较严重。

2. 学生主动性差，被动合作，存在坐享其成的想法。

3. 忽视学生个性培养。注重小组学习成效，容易形成红花与绿叶的关系，一枝独秀。教师引导痕迹明显，问题多、小、碎，等着学生的回答落入自己的设计，甚至瓜未熟就强扭。课堂表面热热闹闹，学生思维或不动如山，或落入俗套。

4. 具有探究学习的性质，操作难度较高。容易形成教室吵闹，学生学习不专心、精力不集中、课堂中互相干扰，一放就乱，一收就慢。

综上所述，传统的合作教学存在着太多的假象，把教师陷在了“同学们已经在合作学习”的幻境中。教师为了合作而合作，重形式轻实效，对学生的信任度不足，不敢放手。小组组织过于繁杂，成员之间责任不清，融入感不强，学生游离于组织之外。

鉴于此，课题组提出“学习共同体”教学模式下小组合作学习的课题研究，希望通过不断尝试和探索，每个学生都充分享有自己的学习权，有着强烈的认同感和归属感，形成平等、互助、对话式的和谐学习关系。

二、相关研究现状

学习共同体（Learning Community）的学校原型是约翰·杜威于1896年在芝加哥大学创办的实验学校，1910年以后通过新教育运动在世界各国普及。

在日本，佐藤学教授领航改革的滨之乡小学，坚持以“排除一切统一性”为指导原则，保障所有学生的学习权利。在改革成功之后，学习共同体的学校不断扩大，小学约 1500 所、初中约 2000 所、高中约 300 所。韩国、美国、墨西哥、印度尼西亚、越南、印度和新加坡也参与了这次改革。

中国对学习共同体的关注可以追溯到 16 年前，以钟启泉教授为中心，举办了佐藤学教授著作的讲读会，大量的论文与三本专著得以翻译。继 2006 年中国科学家教育家企业家论坛上佐藤学教授的演讲后，上海、北京、西安、哈尔滨、常州、重庆、成都的诸多中小学掀起了“学习共同体”的热潮。

三、学习共同体的内涵

什么是学习共同体？它是指学习个体在相互认同的基础上，通过相互配合、相互帮助、相互依存而进行的协同学习（包括与自我对话、与他人对话、与文本对话），集体建构达到共同发展。它体现了以学为中心的教育理念，从本质上讲这是课堂文化生态的变革。

学习共同体即是学习社区，教学中的学习共同体是由学习者（学生）和助学者（教师）共同组成的。它是以共同愿景、价值和情感为基础，以真实任务为核心，促进师生和生生之间持续的、深层的合作和互动，且共同成长、共同进步的学习组织与精神追求。它既是一种组织与实体，更是一种意识与精神，关注同学们在讨论和发言时的心情，让大家在整个集体中构筑人与人之间的基本信赖，形成强烈的认同感和归属感，形成平等、互助、对话式的和谐学习关系。

四、改进思路和实践探索

（一）改进思路

1. 互学互教。学习共同体中所提倡的“合作学习”不同于“传统小组合作学习”，它其实是一种“协同学习”。传统小组学习中所谓的讨论，往往只是你说你的观点，我说我的观点，相互之间是割裂的，没有在同伴的观点上继续推进深入。所以，传统的小组讨论只局限在了“相互说”，并没有实现真正的“相互学”。“相互学”的方式一定是“你是这么想的？我是这样想的”“原来事情是这样的”……这种让我们外界看起来开展得并不顺利的小组讨论。因为真正让学习发生的场所应该是安静的，可以敞开心胸的、温暖的地方，有了倾听、思考与内化的过程，学习才得以真正地发生。

2. 串联梳理。教师教学活动的另一个核心是串联。教师在教学中要把教材与学生串联起来，把一个学生与其他学生串联起来，把一种知识与别的知识串联起来，把昨天学的旧知识与今天学的新知识串联起来，把课堂上学到的知识与社会上的事件串联起来，把学生的现在与未来串联起来。探讨课堂教学中教师的活动，无非就是探讨这种活动是否成为串联的活动。反思我们教师的课堂教学会发现，随意“介入”与“切断”的情况比“串联”的情况更加普遍。诸如点名提问：“某某说得很好，某某做得不对。”“还有别的意见吗？”发言与发言之间的链接屡屡被切断，这种切断学生发言之后的关联不是真正的串联。

3. 跳跃学习。有效反刍，让学习发生跳跃。佐藤学提出的所谓教学反刍，是指学生在探究中碰到困难，教师适时地把话题返回原点，学生不能理解的时候做再次阐述，将学生的思考引向深入，或教师给予学生一定时间，引导学生回归课本、反思前面所学内容，或借助小组进行讨论及深入思考，从而构建学生知识体系和提高学生思维能力，引领学生获得一次“跳一跳摘果子”的锻炼机会。

（二）实践探索

1. 小组合作教学的前提条件探索

（1）创建润泽的教室

与润泽的教室相对的是那种硬邦邦、干巴巴的关系构成的教室。如那些吵闹的教室；学生表面活跃，发言白热化的教室；气氛严肃的教室。在润泽的教室里，大家安心地、轻松自如地信赖彼此，即使拿不出自己的意见，也能够得到大家自觉的尊重，得到承认，大家都能直面自己与他人的“不懂”，有了新发现时会兴高采烈地与同伴分享。这样的课堂才真正是一种安全的课堂。

①改变课桌排列

传统秧田式座位是学生排排坐，这是“以教师为中心”的座位排列。学习共同体构建首先从改变座位排列开始，课桌椅按 U 型排列，教师走在 U 型通道的中间。参与研讨的听课教师作为学习的“观察员”也坐在不同小组学生中间。在同伴发言时，面对面的位置不但能使同学们听清发言者的声音，还能直视发言者，有利于那些注意力容易分散的学生培养良好的倾听习惯，提高学习的效率。共同体学习的 U 型座位排列增强了课堂的交往性，不仅扩大了师生、生生交往的范围，而且有助于消除教师“至高无上”的定位给学生带来的压迫感，形成平等、民主的新型师生关系。

②改变同桌搭配

伙伴的编排分为同质伙伴和异质伙伴。同质伙伴是指学习能力和接受能力相当的同学，同伴合作时采取两两合作。在实施的初级阶段，可以组建“强强”“中中”“弱弱”的搭配组合。等到他们具有一定合作能力时，可以调整搭配，进行“强中”“强弱”“中弱”等一些混搭，这样更有利于不同阶段孩子间的带动、互助及互补。异质伙伴则是指学习能力和接受能力有一定差距的同学。孩子们对同桌的选择，有着自己的主张，如何编排伙伴，将会是个不小的难题。

（2）营造静悄悄的学习氛围

学习共同体提倡“安静地倾听，独立地思考，轻声地交流，自由地表达”。在这里，学生没有你争我答、过度热闹，只有静静倾听、悄声交流；在这里，教师俯下身子与孩子面对面地交流，鼓励孩子，找到自信；在这里，学生可以勇敢说出自己的困难，大胆放心地请教同伴、求助老师。这样的学习环境是安全的、安心的、安定的。

①倾听的培养

倾听，是《语文课程标准》提出的培养总目标之一，也是学习共同体中极为核心的培养任务。《静悄悄的革命》一书中会常常看到这些语言："倾听远比发言更重要""某某同学刚才说了……"纵观课堂，不难发现，善于学习的学生的确通常都是擅长倾听的，倾听某个同学发言同教材内容的关联，倾听某个同学发言同其他同学发言的关联。倾听的关系若没能在学生中建立起来，学生之间的相互学习是不可能产生的。但是，要形成倾听的关系光靠"注意听"三个字却是远远不够的，应将"听"的训练贯穿始终。

②悄悄对话的培养

在共同体的教室里，大家的交流和对话都是柔声细语的。关注的不再是自己已经知道的，而是别人知道的，自己又会产生怎样的知识碰撞。原来孩子们在交流时的"我认为、我觉得"可以转变为"我们可以这样"，在遇到困难时的"我不会"可以转变为"请问，有谁可以帮帮我吗"。在对话的细节中，教室的氛围变得更为柔和。

2. 小组合作的规则

佐藤学说，合作学习是"互学"，而不是"互教"。自从尝试学习共同体小组合作，很长一段时间，教师对合作学习的意义和价值是充分理解的，但在教学过程中很难让孩子进入学习状态，相对于传统的小组合作，它的意义和价值体现在哪里？在此，要进一步探讨。

（1）独立思考，相互分享

学习共同体鼓励学生在教师的核心问题抛出后，去阅读文本，独立思考，完成学习单，而后与同伴交流分享各自的学习成果。之所以提倡独立思考，主要在于调动学生的学习主动性，避免学生学习放空，产生惰性思维，久而久之削弱学生独立思考的能力。同时，同伴之间的独立思考，分别形成不同的观点，有利于发散思维的形成。

（2）商量讨论，形成共识

我们追求的不是答案的统一，更不是学生的统一，而是学生能把自己的所思所想尽情地呈现出来，真实地将课堂变成思想碰撞、共同探究、互相纠正和学习的过程。每个学生都有自己的智慧，两人的智慧相加会形成 1 +1 >2 的结果。学生通过同伴之间的交流和讨论，起到了取长补短的作用，通过与他人的对话，再“雕琢”自己的见解，在交流讨论中形成共识。

（3）分工协作，和谐共学

贴近学生学习，构想课堂教学，实现让每一个学生都参与学习，让他们经历相互倾听、相互学习的过程，分享学习的快乐。学生的学习应该是从“交响的学习”到“合作的学习”再到“澄明的学习”的发展。学习共同体有共同的学习任务，同伴之间既分工，又合作，这种不分主次、和谐共生的合作水乳交融，借助每一个人的个性差异的交流，培育“和而不同”的学校文化，以澄明的学习为目标，激发学生合作探究的欲望和激情，才能更好地发挥学生学习的主动性，保障每一个学生“冲刺与挑战地学习”是它的精髓所在。

3. 教师导学程序的探索

（1）弱化教师“教”的欲望

教师的最大转变是从讲授者转为倾听者，教师认识到“少教多学”对学生学习力的培养能起到激发作用，而过度的教对学习力的培养会起到抑制作用。教师首先要增强学生是学习主体的意识，减少“教”，放手把更多的时间给学生，让学生成为课堂的主体，引导学生主动学习与创造。课堂上，教师要发挥好“串联者”角色，串联学生的经验和知识体系，当学生有困难时，引导学生回归到文本或激活经验，而不是简单告之。

基于对小学语文新课程标准的认识，笔者在《数星星的孩子》这一课的教学中，设计了运用动词说话环节，将学生引入更高层次的挑战性学习。在入情入境地朗读张衡数星星的句子中，学生不知不觉地积累了数星星时的动作词后，教师趁热打铁，激活学生的思维，学生之间达成共识：张衡数星星可不是仅仅像课文中所写的那样“一个孩子坐在院子里，靠着奶奶，仰起头，指着天空数星星。一颗，两颗，一直数到了几百颗”。张衡对星星如此热爱，如此痴迷，没有奶奶的陪同，只要在有星星的夜晚，他肯定还会去数星星。也许会和不同的人，也许会在不同的地方，甚至数星星的方法也会有所不同。凭借多媒体的优势，一张张数星星的场景图片，展现在学生的眼前，让学生脑海里的画面更加丰富。此时，学生思维的闸门瞬间打开，个个不吐不快。然而，教师却不着急，对学生提出这样的学习要求：请把你想到的，同桌之间你说给我听，我说给你听，注意哦，听听同伴是不是用上了之前积累的动词。交流之后，学生的表达各不相同。

生1：夜晚，张衡会和小伙伴们坐在小河边，你挨着我，我挨着你，仰着头，数着天空的星星。一颗，两颗，一直数到几百颗。

生2：一天夜晚，就剩张衡一个人在家。他站在自己卧室的窗前，推开窗户，仰着头，指着天上的星星，两颗两颗地数，一直数到几百颗。

生3：晚上，满天的星星像无数珍珠撒在夜空中。张衡舒服地躺在吊床上，一手枕着后脑勺，一手指着天空，数着星星，不知不觉，都数了好几百颗了呢！

…………

就这样，由词语到句子，学生联系自己的生活，模仿课文的语言，两两交流，互动评价，表达逐渐丰富多样，学生对张衡这一人物的认识也变得更加深刻。最可喜的是，课堂上每一个学生的口头表达能力和运用语言文字的能力都得到充分的锻炼，这是在以往课堂上看不到，更是做不到的。

（2）精心设计核心问题

教师在课堂上要改变“打破砂锅问到底”的现象，避免“碎碎念”，以问来牵引学生的思路。当学生还沉浸在一个问题之中时，另一个问题又“诞生”了，学生的思考停留在浅表层次，思维没有深入。教师要善于精心设计导思、导学的核心问题，引领学生探究、学习，以利于学生发展求异思维能力。

以下是学校一位老师在执教《圆明园的毁灭》时的案例，她聚焦“毁灭”设计这样的核心问题：这么美的一座园林，这么一座举世无双的万园之园，可是，却在1860年被两个强盗毁灭了！他们究竟是怎样毁灭圆明园的？同学们打开书本，读21课第5段，做批注：把你的感受和发现写在旁边。时间6分钟。（生默读课文，做批注。师巡视学生学习情况）

师：很多同学都有了自己的发现和感受，请把你的感受轻声地和同伴交流一下。（交流5分钟，师巡视倾听）听一听你们的想法，哪一组先来分享？

组1—A生：我知道英法联军在抢夺，实在拿不走就破坏，雨果曾经说过，“文明人”在侵略“野蛮人”。

B生：三千多名英法联军把圆明园烧成了灰烬，他们非常邪恶、坏。

组2—A生：我对他们的想法有补充，英法联军邪恶、贪婪，圆明园的辉煌被他们毁灭了，园里有金碧辉煌的殿堂、玲珑剔透的亭台楼阁，有象征着热闹街市的买卖街，也有象征着田园风光的山乡村野，这么多令人着迷的东西，谁不想得到呢？

B生：我同意我同桌的看法。

组3—A生：我从“他们把园里凡是能拿走的东西，统统掠走；拿不动的，就用大车或牲口搬运；实在运不走的，就任意破坏、毁掉”中知道英法联军把好东西都抢光了，中国损失非常大。“大火连烧三天”也说明圆明园非常大，侵略者奉命在园内放火，中国十分落后，抵抗不了这三千多人。

B生：我从“灰烬”这个词中看出作者的痛惜，因为我国艺术的瑰宝被一把火烧了。我还从“建筑艺术的精华”看出这是人类智慧的结晶，而英法联军不知羞耻，这是对我们的侮辱。

组 4—A 生：“大火连烧三天，烟云笼罩了整个北京城”说明英法联军放的火不止一处，这火烧的不仅是园内的文物，还有我们的努力和汗水，以及中国人民的梦想。

B 生：他们搬走、毁坏了文物，还放火销毁罪证，他们罪上加罪！贪婪、有很大的野心！作为中国人，我感到很可惜、可悲！

组 5—A 生：我从“大火连烧三天，烟云笼罩了整个北京城”知道，大火不仅烧毁了圆明园，烟雾还威胁着人民的生命。

B 生：我同意他的意见，大火烧毁了几代人的心血！

组 6—A 生：我从“英法联军侵入北京，闯进圆明园。他们把园里凡是能拿走的东西，统统掠走；拿不动的，就用大车或牲口搬运”中看出了英法联军只会抢别人的东西，我觉得他们是可恶的、残忍的，我想让他们为所做的一切付出代价。

B 生：“为了销毁罪证，10 月 18 日和 19 日，三千多名侵略者奉命在园里放火”，英法联军对自己犯下的罪行不敢承认。

C 生：刚才邵筠怡把“牲口”读成了“xìng 口”，“牲”应该念“shēng”，牲口就是牛、羊这些动物。

师：祁雅静听得非常认真，能指出同伴的错误。哪一组还有补充？

…………

学习共同体追求的不是答案的唯一，更不是学生的统一，而是真实地将课堂变成思想碰撞的场所。

（3）与同事合作互助

在课堂教学过程中，任课教师要考虑的东西比较多，难以同时完成对所有学生的观察，这个时候要实现细致入微的观察，就要借助同事的力量，让他们当观察员，在课后将小组合作学习的情况向任课老师汇报，然后老师们共同分析学生的学习过程和效果，这样不但完成了任课老师的观察任务，而且通过共同研讨，对这个班级、年级学生的心理状态、学习状态等有了更为深刻的了解。

教师原有的观课发生了根本性的改变。在这里，观察员在学生身边坐下来，尽量不干扰孩子，认真观察学生的学习过程（包括成功、失败与困惑等），详细记录学生真实的学习状况；在这里，教师的课后研讨不像传统评课那样更多地关注教师的教学行为，做出“好”与“不好”的评价，而是更多地关注学生的学习行为，描述孩子的一段学习故事，甚至是孩子的一个眼神、一句话、一个动作，目的是通过这些小细节看到教学背后的东西。就像佐藤学提倡的——研讨教学问题的目的绝不是对授课情况的好坏进行评价，因为对上课好坏的议论只会彼此伤害。这种由“研教”转向“研学”的教研方式，减小了授课教师的心理压力，也促进了教师深入细致地了解学生，从而进行精准教学。

现在心湖小学的教研，老师们以共同体的身份出现，以教学相长的姿态出现，积极建立合作性同事关系。

五、实践探索的成效

经过两年多系统化、多样化的实践和探索，取得了如下几方面的成效：

1. 理论成果

（1）形成心湖小学学习共同体专刊《三门教研》。专刊中有老师对于学习共同体课堂教学改革后的实践文章，有学生的感悟，也有县教育局领导的祝词，本专刊在全县兄弟学校交流。

（2）通过一系列调查，得出制约小组合作的主要因素有学习兴趣、知识储备量、认知方式、同伴认同等要素，并整理成书面材料。

（3）初步整理出的策略性材料：

①营造安全、安静、安定的班级润泽的文化氛围，以大环境影响学生个

体心理状态。

②设计问题要有开放性和挑战性，后进生能够够得着，优等生觉得充满挑战。

2. 实践成果

（1）促进了学生学习能力的提高。

在课堂内外，学生的学习方式有了较大转变，在思考、交流、创造中真正成了学习的主人，这其实是一种深度学习，体现了“慢就是快，少就是多”的道理，实则提高了教学效率。

（2）提升了教师的专业素养，带动了课堂教学的优化。

在研究实践中，教师努力将先进的教育思想内化为自己的教育教学理念，转变为自己的教育行为，升华为自己的教育教学特色。在促进学生发展的同时，教师自身的素养也同样得到了发展。其中李慧玲老师被评为台州市名教师，洪素琴老师被评为县教坛新秀，金俪俪老师获县教学大比武一等奖。

（3）北京师范大学教师教育研究中心“中小学学习共同体建设研究项目”申报通过。

证　书

浙江省台州市三门县心湖小学：

在教育部普通高校人文社会科学重点研究基地北京师范大学教师教育研究中心开展的“中小学学习共同体建设研究”项目中，被确定为C类研究项目校，参与相关研究工作。合作研究期为一年（2017.5–2018.5）。

特颁此证

2017.5

(4) 学习共同体的课改经验在“五城市小学名校联盟”课堂教学研讨会上交流。

六、未来还需探索和完善的地方

万事开头难，改变更不容易。回顾近两年来学校的课改实践，已取得了初步的成效。成绩固然令人鼓舞，但过程却磕磕绊绊，更难以保证正确、有效，不少教师产生“努力了，却出了问题”的困惑。

1. U 型座位排列的优与劣

U 型座位排列理念上有很多优势，课堂上方便学生面对面交流，学生之间看得到彼此上课的状态。老师们的困惑是 45 人的班额座位按 U 型排列很拥挤，低年级的学生面对面纪律显得松散，课桌椅摆放容易零乱。学生在课堂上看老师和黑板，家长觉得孩子会很吃力，眼睛容易斜视，对身体发育不利。

经过反思，老师们认为要想改变，首先要从转变教育观念入手。从“重教轻学”，转变到“学为中心”，彻底改变过分依赖教学媒体等教学思维定式，认真参照协同学习的要素改变教学行为。同时加强学生按 U 型座位听课学习的规范养成，逐步养成安静倾听、悄悄对话的习惯。同时，为防止影响学生视力等问题，建立合理的定期交换学生座位的制度。

2. 教学节奏的紧与松

学习共同体的课堂，因为老师要让教，给学生更多的时间独立思考、同伴讨论和全班汇报交流，还要尽可能让更多学生发言，鼓励其他学生质疑、评价。教师把握不好学生课堂上的时间，有脚踩西瓜皮——滑到哪里算哪里的现象，这样容易导致教师的课堂教学任务在一节课里无法完成，一篇课文原本两到三课时完成，现在需要三到四课时，导致教师完成计划教学进度比较紧张。

反思之后，教师从两方面入手进行调整：一是要求教师精心备课，对教学内容进行取舍，抓重点，不求面面俱到；二是做好倾听、串联和归纳，以减少无谓的时间消耗。

3. 多媒体使用的多与少

教学媒体，尤其是现代教育技术的多媒体课件，在课堂上起到锦上添花的作用，化抽象为形象，容易吸引学生注意力，激起学生的观察思考能力。但佐藤学强调学习共同体的课堂要尽量把时间让给学生，以师生、生生口头语言交流为主，让师生都要多倾听他人的表达，积极思考，不提倡过多使用教学媒体，这让教师感到困惑。

要想真正改变育人模式，提高育人质量，首先还是要从转变广大教师和家长的育人观念，包括合理使用教学时间和科学采取教学方法的观念入手，广泛开展理论学习活动，扎实推进实践研究，既要学习国外的先进经验，又要弘扬我国传统育人的精华。心湖小学的课改还在路上，要做的探索还有很多很多。

“路漫漫其修远兮，吾将上下而求索。”今后，心湖小学教师将怀着对教育的赤诚之心，不怕困难，坚持到底，开拓创新，裂变发展，争取获得更大的突破，形成适合本校实际的学习共同体教学模式。

参考文献：

[1] 佐藤学. 静悄悄的革命：课堂改变，学校就会改变［M］. 李季湄，译. 北京：教育科学出版社，2014.

[2] 佐藤学. 学校的挑战：创建学习共同体［M］. 钟启泉，译. 上海：华东师范大学出版社，2010.

[3] 佐藤学. 教师的挑战：宁静的课堂革命［M］. 钟启泉，陈静静，译. 上海：华东师范大学出版社，2012.

[4] 佐藤学. 学校见闻录：学习共同体的实践［M］. 钟启泉，译. 上海：华东师范大学出版社，2014.

[5] 钟启泉. "学习共同体"的范例——日本佐藤学教授访谈［J］. 全球教育展望，2006.

[6] 陈静静等. 跟随佐藤学做教育：学习共同体的愿景与行动［M］. 上海：华东师范大学出版社，2015.

[7] 林莘. 在改变与反思中前行［J］. 福建教育，2016.

学校师训与教研篇

农村教师心理成长工作坊的建设和探索

吕剑虹①

长期以来，不管是国家还是地方，都将教师的专业发展主要集中在专业成长、教学技能等方面，而对教师心理成长的关注少之又少，教师的心理问题日渐凸显。针对这一现状，课题组以本校教师为研究对象，以教师心理成长为内容，以工作坊为培训方式，开展了一系列的教师心理成长工作坊探索实践活动，使教师心理健康问题得以缓解，从而促进教师心理健康成长。

一、研究背景

（一）教师的心理状况堪忧

随着素质教育的逐步深入，学生的心理健康教育越来越受到重视，然而教师的心理健康问题却长时间被人们忽视。据调查，某小学 70 位在职教师中有 1 位教师因为中度抑郁需要请假养病；44% 的中小学教师存在不同程度的

①吕剑虹，女，高级教师，浙江省台州市椒江区下陈街道中心小学校长，新加坡南洋理工大学访问学者、浙江省教科研先进个人、浙江省导读先进工作者、浙江省教育系统事业家庭兼顾型先进个人、台州市教育先进工作者。主持省课题三项，市课题两项，主持浙江省电子教材微课程开发项目《分数的初步认识》，多篇论文在省级获奖并发表。系本课题负责人，课题组成员还有陈琪（执笔）、陈月、余云征、张薇，本报告获浙江省教育科学研究成果三等奖。

心理问题或心理障碍。中小学教师的心理健康状况十分令人担忧。究其原因，教师的心理问题可能是来自工作压力、教师角色期望、自我期望、劳动报酬与劳动价值不成正比等。从有些报道中，大家看到教师辱骂、体罚孩子的事件屡屡发生，这些悲剧中，可怜那些未成年孩子的同时，会有人说是有些老师的师德太差，真是很让人愤恨。但是冷静下来仔细分析会发现，问题的根源其实是这样一个事实：教师的心理健康情况不容乐观，越来越多的老师遭受着心理问题的困扰。笔者调查了60位教师，发现60%左右的教师认为工作量太大，工作压力使自己有些疲倦，没有了工作热情，甚至对生活也失去了原先的期待。其实不难发现，在现实生活中教师的工作量除正常的教学工作，如备课、上课、批改大量的学生作业、与学生进行正常的交流外，还承担了许多繁杂的非教学任务，未考虑教师的机体承受能力而使教师承担过多的临时交办任务、一人多岗现象比比皆是，甚至鼓励教师的牺牲精神，这些都忽视了维护教师自身的身心健康发展。此外，现在总是倡导教师做科研型教师，人人搞课题，以及所谓的学科整合，还有因师资匮乏等原因班主任不能享受减一半课时工作量的工作待遇等，也都给教师带来了很大的压力。

（二）教师心理问题没有引起足够重视

随着我国市场经济体制的建立，社会发生了复杂而深刻的变化，教师作为中国文化层级较高的群体，承载的社会责任和公众期望也日趋沉重，其心理健康不可避免地出现了各种问题。如果教师自身心理不那么健康，人格有所偏差，个性有所缺陷，这些都会投射到学生身上，对学生的心理健康发展也会产生巨大的影响。无数事实证明，情绪不稳定、暴躁易怒的教师，教出来的学生也往往喜怒无常，心理健康难以得到保障。也就是说心理不健康的老师只会源源不断地制造出心理不健全的学生。教师作为学生学习及身心发展的重要影响因素，其心理健康状态和学生的整体发展有着密切的关系。在教育实践中，有许多教师渴望得到理解，渴望得到支持，渴望得到心理援助。

教师的心理健康应该受到足够的重视，但是，在教育越来越受重视的今天，教育行政部门在教育管理中对教师成长过程中的精神世界问题，以及人格完善、心理健康维护的关注还是很少的，由此导致了教师成长中智能与心灵的“跛足”现象。尽管浙江省针对教师有普及性的心理健康C证培训，在弥补不足上有所成效，但是针对性的、小范围的、聚焦性的工作坊形式的培训还很缺乏，这是历史发展的遗留问题。

（三）教师对心理健康的自我觉察力低

教师是孩子的重要他人，学生对教师的批评和表扬很在意。当教师和家长相信孩子，他才会相信自己，才能展翅高飞，成就自己。父母、师长对孩子的期待与信心，决定孩子成功的动机与勇气。如果过分给予孩子负面强化，孩子的发展就有可能会越来越不好。如果当教师的负面情绪找不到出口，那么孩子就可能成为最直接的受害者。教育中的很多事故，其实就是教师觉察不出自己心理健康的问题而去及时调节所致的。换而言之，每一个学生都是独立的个体，没有一套教学方法是适合所有学生的。教师们求好心切，对于学生往往是爱之深、责之切，但当情绪失控，就会破坏师生关系，甚至引发家长冲突，最后也伤了教师的自尊心与教育热忱或者造成更严重的后果。事实上，教师往往忽略了自己的心理问题，没有引起足够的关注，长期下去，心理问题变得越来越严重。同时，由于教师本身的心理基础知识薄弱，导致对自我的觉察不够，致使问题越来越严重的情况。所以，教师学会及时觉察自己的情绪和心理状态，评估自己的情绪管理水平，这一点很重要。

二、建设工作坊的目的和意义

（一）教师心理成长工作坊有利于学校团队文化的构造

教师心理成长工作坊是一个给予教师持久的心理支持和动力的共同体。

工作坊关注教师的心理成长和人格完善，其新颖、独特的培训形式备受教师欢迎。同时，教师心理成长工作坊除具备目的性强、针对性强，学习时间、地点、组织形式灵活，费用较低，成效大等优势外，还具备最突出的优势：理论与实践相统一，在促进教师心理成长后，更利于促进教师的专业成长，从而利于构造学校团队文化，成为教育变革的隐性力量。

（二）教师心理成长工作坊有利于成员从知识层面到心态层面的转化

教师心理成长工作坊在运行机制上实行完全的自我管理、自我发展，无须外界指令即能自行组织、自行创生、自行演化。这个具有生命力的系统能极大地激活教师参与心理成长的主体意识，使教师真正成为实践的主体、反思的主体、行动跟进的主体、自我发展的主体。积极的心态需要反复的学习和实践，也只有让知识层面转变到心态层面，才能使得每个成员有所受益。

（三）教师心理成长工作坊有利于成员个性化的定制

教师心理成长工作坊，针对性强、参与性高，教师之间的交流和互动随时可以进行，为教师的共同成长提供了机会。工作坊是教师根据自己的意愿自由组合，并自主选择研究内容，教师为着共同的意愿结合的共同体。在活动中，教师面对有共同问题的亲密伙伴，可以敞开心扉，尽情表达自己的观点与感受，分担忧伤，分享快乐，这样能很好地减压与驱除孤独。关爱、支持和理解是治疗心理疾病的“特效药”，它会在不知不觉中调适教师体内的化学元素，这将有助于解决教师的心理困扰。

三、相关研究现状和发展动态

（一）教师心理健康研究状况概述

鉴于当前教师心理问题较为突出的现状，各级研究者对各个层次的教师心理健康状况进行了广泛调查。2016 年教育部对辽宁省 168 城市中小学的 2292 名教师进行了检测：有 50% 的教师存在心理问题，其中 32. 8% 的教师有轻度心理障碍，16. 56% 的教师有中度心理障碍，2. 49% 的教师已构成心理疾病。俞国良教授曾经在浙江萧山对教师心理问题进行过 5 年的实证调查和研究。他提出，教师在心理问题上，多表现为抑郁、精神不振，对学生漠然、冷淡、焦虑，对外界担心和过分忧虑。在人际关系上，很多教师缺乏自我心理调节，极容易在人际关系中表现出不适应。在教师的职业倦怠上，表现的问题最多，如何克服自己的倦怠，保持对学生的热情和爱心，对每一位教师都是一种考验和挑战。

（二）教师心理成长工作坊建设情况

港台地区是我国开展工作坊活动较早的地区。工作坊是一种体验式、参与式、互动式的学习模式，实质上属于团体心理辅导，它的形式有个人成长工作坊、身心灵成长工作坊等。由于主题鲜明、对象明确、时间紧凑、形式灵活、效果显著，因此工作坊成为学校、社会认可的辅导模式。在活动中，通过有效的同伴互助，就某一心理成长问题相互支持、研讨、提醒，以促进教师经验分享，优化教师心理状态，实现教师心理成长。此举有利于教师的成长体验，对促进教师心理健康教育理念、知识和技能的内化起到了积极的作用。

从 2009 年开始，我国沿海城市也陆陆续续开始了教师心理成长工作坊的研究，如上海市七宝中学，该工作坊的关注点是提升教师人格魅力的教师心理成长，解决教师本身的心理问题，通过潜移默化地雕琢教师的心理，消除造成学生“师源性”心理伤害的根源。如泉州市鲤城区教师心理成长工作坊着眼点放在教师心理困惑、班级管理、课堂教学、师生关系等方面。

这些经验与实例说明，教师心理工作坊，实际上就是一种强调分享、助人自助的团体活动，是成员在组织者引导下通过游戏、交流拉近距离，针对一定的主题进行讨论与分享，以达到认识自己、相互沟通、共享经验，帮助成员提高自我的目的。

（三）本校教师现状调查及研究基础

1. 教师现状调查

为了进一步了解本校教师的心理状况，促进教师的心理成长，在2017年10月，笔者对全校在职教师进行了心理健康状况调查，共选取教师样本52人，其中男教师12人，女教师40人。其年龄占比情况如下：25周岁以下的占11.54%，26至35周岁的占44.23%，36至45周岁的占30.77%，46周岁以上的为13.46%。研究的问题主要集中在教师目前的工作心理以及对心理成长的需求。调查结果显示：有46.15%的老师认为目前学校只是个工作场所；11.54%的老师觉得如果有机会想离开这个单位；15.38%的老师对学校没有特别感觉；只有26.93%的老师认为学校比较温暖，像个大家庭。而对于“学校带来的压力”这一问题，有13.46%的老师认为压力很大，让人受不了；48.08%的老师认为压力挺大，但还能应付；38.46%的老师认为压力在正常范围内。与此同时，根据问卷统计数据，有40.38%的老师觉得个人工作热情耗尽，表现出厌倦、易怒；有44.23%的老师对自己的工作现状不满，在工作中没有成就感；3.46%的老师表现为既没有热情，又没有成就感，对学生也较冷漠；58.94%的老师觉得目前的工作状态需要调整。这些数据表明，将近一半的教师出现了一些职业倦怠，引领教师心理成长刻不容缓。

2. 本校研究基础

本校的心理辅导站，始建于2008年4月，于2010年12月被评为椒江区首批一级站，2014年3月被认定为浙江省中小学心理辅导一级站，2015年10月确认为国家首批特色心理健康教育学校。几年间学校陆续花费10多万元对心理辅导站进行重新建设和规划，建设了多个功能室。其中，有心理健康专用教室60平方米，小团体辅导站40平方米，心理老师办公室20平方米，个体辅导室20平方米，沙盘室20平方米，音乐放松室15平方米，书吧20平方米。学校有专职心理老师1名，兼职心理健康老师达到20名，C证持证率达91.23%。近三年，学校曾承担过3项省级课题研究，市级、区级几十项，其中省重点课题《家校联动促进农村小学心理健康教育的实践研究》获优秀结题，省规划课题《教师微课技术的校本培训研究》获优秀结题。

综上所述，课题组在前人的研究基础上开展教师心理成长工作坊的探索，从而促进教师心理的成长，促进教师专业的成长。

四、研究目标和思路

（一）研究目标

本课题以本校教师为研究对象，以教师心理成长为内容，以工作坊为培训方式，试图达到以下目标：

1. 在构建合理有效的教师心理成长工作坊的组织架构的基础上，完善工作坊运行机制。

2. 探索基于“快乐有法·快乐由己”的研修模式，使教师心理健康问题得以缓解，从而促进教师心理成长。

3. 构架教师心理发展工作坊的基本操作方式，并着力推广。

（二）研究思路

- 教师心理成长工作坊
  - 场　所
    - 选址
      - 户外场所
      - 移动场所
    - 布置：选择一个相对温馨、安静、轻松的环境
    - 设备：需要电脑、投影、打印机、音响、瑜伽垫等
  - 运　作
    - 预备
      - 对象招募：根据确定的主题，招募感兴趣的老师作为活动对象
      - 定主持人：邀请心理专家或导师作为主持人
      - 预备任务：为了提升培训效果，布置给老师相应的任务
    - 程序
      - 话题引发：提供切题的话题材料（理论、技巧、课例、案例等）
      - 对话与讨论：集思广益，完成任务
      - 反思与小结：反思研讨过程，分享经验，整理所得
    - 方法
      - 团体讨论：忌人云亦云，重创新突破
      - 技巧研习：忌理论对话，重操作体验
      - 专题讲解：忌被动接受，重主动构建
      - 现身说法：忌游离在外，重深度参与
  - 评　估
    - 组织与制度：成立组织，形成体系
    - 效果与评价：及时反馈，助推行动
    - 内化与延伸：跟踪访问，心理成长

教师心理工作坊运行示意图

1. 场所的选择与设计的研究

课题组慎重选择学校比较安静的地方作为工作坊的固定活动场所，精心布置温馨的环境，营造出休闲影院、温情茶吧、健康瑜伽室等场景，力求给老师提供愉悦舒适的场所，使得工作坊的工作能在轻松的氛围中展开。另外也拟定一些移动场所，比如休闲的农家乐、咖啡厅、音乐吧，让每位参与者明白工作坊的工作不仅仅是心理诊疗或者是心理干预，更是一种自我修炼、自我提升的过程，让参与活动演变为享受的过程，使得老师们能乐于参与。

2. 工作坊运作的研究

（1）主题选择

课题组计划针对教师存在的心理困惑和在班级管理、课堂教学、人际关系等方面的心理需求，开展主题为“教师情绪疏导”“教师自我认识”“教师自我赋能”“教师人际关系”等相关活动。开展的过程中，结合教师具体需求进行调整。安排如下表：

时间	主题
2017 年 10—11 月	我想说…… ——敞开心扉
2017 年 11—12 月	让阳光透进生活——滚蛋吧，抑郁君
2018 年 1—3 月	牵着蜗牛去散步——学会耐心静等花开
2018 年 4—8 月	你好，亲爱的自己——审视自我 发现自我
2018 年 10—11 月	幸福是什么——克服职业倦怠 走出迷茫

（2）人员的选择

在预备阶段课题组初步拟定每一个阶段的工作主题，教师根据自己的需要或者是兴趣，有所选择地进入工作坊学习。在完成人员招募工作后，课题组及时邀请相关主题的主持人，例如从事心理健康研究多年、具有丰富经验的陈建吉教授，台州心理健康教育引路人张国荣，经络催眠师胡美飞，在绘画心理学及意象对话等方面均有建树的张俊杰，表达性艺术治疗师陈菊红，擅长在班主任工作中引入心理技术且拥有二级心理咨询师资质的一线班主任张艳萍等，主持人和课题组给每个参与者布置任务，力求每个人都能有的放矢，增强活动的效果。

（3）方式的选择

课题组将充分利用团体心理辅导的各种活动形式：专家讲座、同伴启示、辅导点评、小组讨论、头脑风暴、角色扮演、游戏体验、绘画投射等。例如幸福课程“与负面情绪共存”“接纳自己的不完美”即可通过团体讨论、角色扮演、行为训练、集体分享、教师点评，使学员获得感悟和内省。

3．制度的确立

（1）成立工作坊负责小组

明确责任分工，注重过程性管理、指导和改进。学校成立以校长为组长、相关教师为成员的工作坊工作小组。这些人对课程的实施情况、存在问题进行分析评估，促进工作坊规范、高效地建构，同时确保工作坊的运作并有良好收效。

（2）成立工作坊建设顾问团和导师团

由浙江省教科院朱永祥院长、台州学院教师发展处陈建吉处长为顾问，台州教科所张国荣老师、温岭的张俊杰老师为导师，在他们的具体指导下进行工作坊的建设、工作坊活动的开展。

（3）建立健全各项制度

制订和完善心理健康工作坊工作制度、例会制度、活动制度、学习制度、奖励制度等。建立规范的工作坊成员个人成长档案，全面记录学习和培养的过程情况。

（4）保障经费合理使用

在学校心理健康工作坊建设领导小组的领导下，严格遵守国家关于项目专项资金管理有关政策与办法实施财物运营，确保经费专款专用，保障工作坊活动正常顺利开展。

4．机制运行

（1）场所：学校的心理工作坊固定的场所在工作时间保证对所有工作坊成员敞开，工作负责小组值班，记录教师需求，由专业心理健康老师解答。

（2）活动：每两周工作坊成员参加一个心理健康小活动，这是每个主题的细化，工作坊成员视自己的情况自愿参加。

（3）线上活动：建立工作坊微信群，线下活动具体时间和地点以群通知为主，不定时开展线上活动。

（4）调整：依照顾问团和导师团的意见再结合实际情况制订工作计划，

计划执行过程中根据实际需要可做适当调整。

5. 工作坊的效果评价

不论教龄长短、职称高低、学科差异，参加培训的学员都将进行反馈评价。将通过“问卷调查”“培训感悟”“活动感想”“自我成长报告”等来对本次研究进行评价。在上述工作的基础上，培养一定数量的教师培训者，试行并推广教师工作坊的培训模式，撰写研究报告。

五、研究的实施

樊富珉教授在《团体咨询的理论与实践》一书中指出：“团体咨询是在团体情境下进行的一种心理咨询形式，它是通过团体内人际交互作用，促使个体在交往中通过观察、学习、体验，认识自我、探讨自我、接纳自我，调整改善与他人的关系，学习新的态度与行为方式，以发展良好的适应的助人过程。”工作坊就是依据团体动力学理论，通过建立良好的集体心理教育氛围改变团体的行为准则，优化教师的心理环境，改变教师的个体行为。

因此，教师心理成长工作坊实际上就是利用团体心理辅导的原理、方法、技巧来对教师进行心理咨询和业务提高的校本培训，它符合教师自身、学校、社会发展的需要，是一项具有探索意义的工作。

教师心理成长工作坊就是以此为理论基础，是在对教师进行心理普测后，找出教师的主要心理问题。邀请心理专家或导师为主持人，同质教师组成工作坊成员，结成心理成长共同体，运用团体心理辅导理论与方法，采用专题工作坊的形式开展短期心理培训。它通过有效的同伴互助，就某一心理成长问题进行相互支持、研讨、提醒，以促进教师经验分享，优化教师心理状态，实现教师心理成长。教师心理成长工作坊作为一种参与式、体验式、互动式的培训方式，有利于教师的成长体验，对促进教师心理健康起到了积极的作用。

（一）构建工作坊运行模式

工作坊的主题根据现行分析数据确定，导师根据相关情况确定活动主题和辅导方式，再招募老师参与活动，反馈总结活动的成效，着力于形成良好的工作学习氛围，提升教师的幸福感。

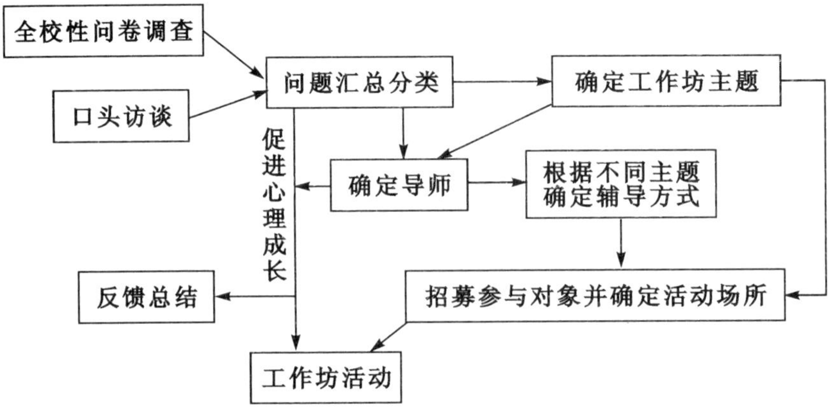

教师心理成长工作坊运行模式

（二）确定工作坊培训主题

针对全校教师进行 SCL－90 的心理普查发现，其中 89.75% 的老师在总分上属于正常范围，有 2.56% 的老师有轻度症状，有 6 位老师存在中、重度问题，所占比例为 7.69%。呈现的主要问题有躯体化症状、强迫症状、抑郁症状、焦虑症状等。因此，确定工作坊的主题如下：

时间	农村教师现状	工作坊主题	目标	导师
2017 年 10 月	年龄结构的两极化，两头大、中间小，青年教师和老教师居多，中年教师少。年轻教师不敢说，老教师懒得说，因此学校的氛围偏向沉闷	我想说……——敞开心扉	通过抱团活动，建立团队信任感，让老师们在安全的环境中倾诉	陈建吉

（续表）

时间	农村教师现状	工作坊主题	目标	导师
2017 年 12 月	农村教师年龄结构的组成，在一定程度上团体是分散的，年轻组和年长组是不同的大本营，成员的心理距离较远	踏上破冰之旅，达成有效沟通	通过活动，建立团体凝聚力和约束力，帮助成员进入团体角色	陈建吉
2018 年 1 月	因为农村家长的文化水平较低，对孩子在学业上的帮助较少、对教师的支持力度和配合度低。同时，农村教师更容易被人看不起，社会上认为城区小学就是相对较好的，老师在农村工作是个人能力不足的表现，因此对农村教师缺乏应有的理解和尊重	让阳光透进生活——滚蛋吧，抑郁君	处理老师们在工作生活中的消极情绪，用更好的状态去迎接生活	陈建吉
2018 年 3 月	由于所研究学校的教师基本来自城市，工作位于农村，缺乏对农村学校学生的认知，对农村学校的情感投入少，没有真正地融入农村社会中，对自我的职业认同低	嘿，老师——教师职业认同	提升教师的职业认同感，提升教师的职业幸福感	陈琪
2018 年 4 月	中国式夫妻关系现状还是存在很多问题的，比如丈夫在家庭中的存在感低、夫妻信任度低等，看起来很好，实际却有很多问题	教师亲密关系成长——好好说话	通过了解男女的不同，学习更好的沟通技巧，学会和家人好好说话	卢敏
2018 年 5 月	农村教师较城区教师在工作培训中受到一些经济、观念的限制，学习的机会较少，对人际沟通的学习较少	适当表达，良性互动	帮助教师学习良性的交流方式，以起到良好的教学效果	卢敏

（续表）

时间	农村教师现状	工作坊主题	目标	导师
2018年9月	部分老师觉得身在农村学校，是自己确实不如城里的老师好，因此有些自卑，不能准确地认识和欣赏自己	你好，亲爱的自己——审视自我 发现自我	帮助教师认识并悦纳真实的自己	陈建吉
2018年11月	由于城乡收入差距大，资源多向城市倾斜等原因，农村教师更多地向往城市学校，对农村学校的投入率低。高频次的流动容易使教师的人际关系具有不稳定性，同时对地位和自我认知不清晰	我真的很不错——学会欣赏自己	帮助教师在发现自身优势的基础上，结合农村资源，合理发挥主观能动性	张俊杰
2018年12月	在农村学校，老师觉得现状很难改变了，周边生活乐趣少，生活枯燥，工作得过且过，心浮气躁，焦虑不安，患得患失，静不下心	幸福是什么——克服职业倦怠 走出迷茫	发现生活中的微幸福	张俊杰

（三）制定工作坊运行制度及注意事项

本课题采用工作坊的培训方式，其中工作坊将围绕学校、导师、教师来开展工作。三个因素各自既有自己的职责、任务，相互之间也密切联系、相互作用。

1. 学校

（1）提供政策：为研究的开展做好各部门的统筹安排。

（2）统筹部署：实施方案的策划，提供资金，统筹全局。

（3）组建一个指导培训机构：以椒江区心理辅导站为首，成员包括学校里的负责人、椒江区专职心理教师、专家队伍等共同组成一个指导培训机构。

2. 导师

（1）理论指导：专家对于工作坊是什么，工作是怎么开展的，工作坊的内容和每一期的主题，家长、学校在工作坊中的一些角色的定位和分工等理论知识进行讲解。

（2）提供信息、建议：导师拥有扎实的专业基础和丰富的技术手段，往往能使教师耳目一新。同时，专家也能为工作坊培训教师提供将理念转化为实践的可操作建议，这样的指导对教师以后独立开展工作有着长远、深刻的影响。

3. 教师

（1）参加学校组织的心理成长活动。

（2）参加学校研究者开展的工作坊。

（3）发现参加工作坊前后的变化。

4. 工作坊运行注意事项

工作坊集中工作阶段的方法与以往教研活动的方法相比，在具体运用和操作细节上有所侧重，需要注意以下事项：

（1）团体讨论：忌人云亦云，重真实分享

团体讨论是工作坊最主要的活动方式，指工作坊成员通过听、说、观察的团体互动过程沟通信息，传递感悟，实现教研目标。工作坊中的讨论倡导民主，鼓励创新，力求突破，任何成员不得利用自己的权威对讨论做出限定。常用的方法为头脑风暴，即在短时间内敞开心扉，活跃思维，产生大量创造性设想。其特点在于：由量取质。想法越多越好，越新颖越好，在此基础上综合评述、取舍、组合。延迟评判。在充分提出解决方案的环节，鼓励成员发散性思维，对任何意见不批评、不否定，待到下一环节再综合分析。

（2）技巧研习：忌理论对话，重操作体验

技巧研习是一种在做中学的体验式方法，指工作坊成员通过现场模拟、亲身参与直接改善教学行为，并以此促进对新的教学理念或技能技巧的理解和掌握。技巧研习可以针对某一种技术，可以由成员提供实践中常见的情景，进行现场模拟。例如在心理剧解决实际问题的练习中，教师并非学习心理剧的理论，而是通过一些角色练习帮助其体会学生的情绪、想法、信念、模式。

针对某一案例，可以从不同的角度进行尝试，多次练习，以找寻最佳方式。这一情况常用在专职心理教师研讨个案辅导时，常见的做法是某学员带来自己的或者身边人的问题，另一学员模拟咨询师，进行现场模拟咨询，其他成员为观察者，给予反馈意见。

（3）读书讲解：忌被动接受，重主动构建

专题讲解是工作坊的一种辅助性方法，多与团体讨论或技巧研习相结合，指主讲人针对既定主题，事先准备，提供学习资料，集中讲解。专题讲解的主题通常是与成员的实际需求紧密联系的理论、技巧。与传统的讲座不同，工作坊中的专题讲解有以下特点：主动听讲。听讲前每个成员对讲解主题有一定准备；过程中主动建构，批判式听讲；听讲后澄清疑问，提出自己的观点。讲解时间短。通常不超过工作坊活动时间的二分之一，其余时间用于互动、体验。主讲可由一人完成，也可由团队合作完成。例如将主题分为几部分，成员依据各自专长主讲某一部分，共同完成对主题的讲解。

（四）建立多样化的教师心理成长实践形式

本校在推动教师心理成长的工作中，在对象上，采用大小结合的方式，即大范围普及和小范围实施；在主题上，探索多个方面，如个人成长、情绪处理、亲密关系等；方法上，利用多个心理辅导技术进行，如音乐疗法、绘画治疗、心理剧等。

本学期工作坊活动将参与的人员控制在了 20—25 人。在自由招募的基础上，选择了不同年龄、不同学科、不同岗位、不同性别的教师作为本次活动的主要成员。除校医外，其他老师均获得浙江省心理健康教育 C 级上岗证，具备初步的心理健康教育知识，促进教师心理成长。与以往的工作坊不同的是，教师成长工作坊是在工作期间进行的，教师一方面要完成工作任务，一方面希望参与活动得到成长，因此参与活动的教师是在稳定中不断变化的。一部分老师可能参加了所有序列的活动，一部分老师可能因为调不开课错过部分学习机会。

在导师的指导下，课题组采用了多样化的成长形式，如下：

1. 口头表达式——在说中喜

人本主义心理学家罗杰斯曾说过："当我看着这个世界时，我是悲观主义者；当我审视这个世界的人们时，我是乐观主义者。"人本主义者相信，每一个人都有向上、向好的方向发展的动力，之所以会产生坏的行为，那是由于环境扭曲或压制了他朝向积极方向的发展。如果提供给他适宜的环境和条件，每一个人都会自主地选择朝向积极的方向发展。教师因为工作性质原因，工作时间不是在上课就是在批改作业或者备课，高强度的工作让教师没有多余的时间可以和同事联络情感。为了使学校形成良好的沟通文化，畅通沟通渠道，心理咨询室设计了一次全新的体验式工作坊活动。课题组邀请导师开展了一次"我想说……"为主题的教师工作坊活动。圆形的场景布置，绿植的烘托，美味的小点心，为本次活动的开展营造了轻松、自由、愉快的氛围。在活动中，老师们通过艺术、肢体、言语等让来访者身处一个支持性、包容性的团体里，毫无负担地将情感表达出来。在导师的指导下，每个参与者充分表达自我的困惑和处境，表达自己近期的工作期待。因为真诚、安全、轻松的氛围，让教师们的交流从工作模式转换成闲聊模式，想到什么说什么，有一吐为快的淋漓尽致，也有相濡以沫的惺惺相惜。因此，同事之间多了一份了解，多了一些接纳，内心也多了一份喜悦。

2. 主题阅读式——在读中悦

这个学期以来，教师不管是自发的，还是组织安排的，都在不间断地阅读图书。阅读不仅能让烦躁的内心得以缓解、情感得以洗涤，更能对生命的厚度加以理解。有研究表明，读书是自我心理调适的良药，人们在阅读过程中会发现他人存在的压力和困惑一定程度上类似自身存在的问题，因而获得感情上的支持，读者对照自身可能存在的世界观、人生观等心理问题，也会在对比中发现潜在的问题，并且通过阅读，使自身扭曲的人生观得以更正和修改。这种预防式心理检测不仅给心灵迷失方向的教师带来慰藉，对自身也是一种心灵的洗礼。即使教师没有心理困扰，阅读也能普及心理健康知识，丰富精神生活，可以起到预防作用。

目前，除了校图书馆的图书资源外，学校出资为每位教师购买的心灵书籍有《当我遇见一个人》《当下的力量》《如何说孩子才会听，怎么听孩子才肯说》《故事的疗愈力量》《你值得过更好的生活》《遇见未知的自己》《找回你的生命礼物》等，为此学校特地建立了微信群，取名“悦读季”。阅读后，教师还对阅读进行分享、交流。每月一次举办阅读沙龙，大家围炉谈话，各抒己见，与其说是阅读感受的交流，更可以说是对世界观的一种探讨。其实这种对阅读内容进行讨论、领悟、延伸，也是一种保持身心健康的方式。

3. 体验分享式——在玩中乐

为了使工作坊具有实操性，课题组在团体成员中选择了一些有代表性和典型性的案例作为活动中的经典例子。尤其是之前举行的利用心理剧解决学困生的案例让老师们印象深刻。它的基本程序为：热身引导—游戏互动—情景再现—模拟表演—激荡摸索—分享体验—成长评价—后续跟进。这种高效的团体治疗模式，使班主任群体对具有代表性的心理问题有了深刻的体验。心理剧的表演，让成员真实地体验不同角色的心境、抒发了生活中和工作中被压抑的情绪。在之后的集体分享环节共同梳理问题脉络，充分利用群体的力量寻找解决问题的积极方案，同时在整个问题解决的过程中，又进一步增强了教师个体间的情感联系。活动意在让班主任知道，他们不是孤独承受压力的个体，他们拥有一个安全、可靠、轻松、积极的心理团队共同体。大家在互相支持中收获了职业幸福感。

4. 自由叙事式——在写中愉

“人生即故事本身。一个有着积极意义的人生，亦如那个精彩无限、充满吸引力的故事。因而讲好一个故事，是你对自我的责任，因为生命只有一次。而如何讲好一个故事，不仅是一种自我表达的技术，更是隶属于人生的一种艺术。”在本校，写作不再是一件神秘而遥远的事，而成了教师与自我进行生命对话的过程。教师们渴求在文字中表达自己的情绪情感、在文字中找到心灵安慰、在文字中找到共鸣。2007 年 1 月，下陈中心校校刊《文昌阁》创刊，至今已办了 23 期。《文昌阁》既是学校校刊，也是老师们自由表达的平台。创办的宗旨，即立足于为教师追求教育理想提供广阔的舞台，拓宽教师的学术视野，提高教师的自我调节能力，最终促进本校教师的心理健康发展。这是一本由学校校长牵头，教研室与心理辅导室负责，分设心情故事、科研论坛、诗情画意、往事留声、成功之钥、教学随笔等多个栏目，《文昌阁》

的创办激发了广大老师们的叙事热情，从校长到普通教师，每个人都能在《文昌阁》上找到自己情感表达的阵地。刊物中的每一篇文稿，都是教师的笔耕精神、真情的教学感悟、真实的表达，字里行间透出的都是下陈教师对生活的热爱、对生命的尊重，从教师心底流露出的一种对下陈传统文化的敬意与对现代学校文化的热爱，凝聚着下陈教师的心血、智慧和思想。

5. 户外拓展式——在动中欢

心理工作坊不局限于心理，也关爱教师的身体健康，学校开展各种有益健康的团体心理训练。团体心理训练活动形式多种多样，既有具有一定难度和危险性的挑战项目，又有可以轻松体验、分享感悟的儿童游戏。前者可以锻炼参与教师的自信心、承受力和意志力，当参与者在大家的共同帮助、配合下克服心理障碍，完成具有危险性的挑战项目后，将会产生极大的成就感和高峰体验，唤醒内心的激情；后者则帮助参与者在游戏的过程中抛开世俗的压力，找回久违的童心，让身心得到彻底的放松。团体心理训练中人格的互动、心灵的碰撞、多元共赢的交流，促进了心理成长，使教师在和谐的氛围中恢复了身体能量和心理能量。比如在 2017 年 4 月带领教师踏青赏花，开展教师团队拓展游戏，在大自然中释放压力，施展生命魅力；日常工作中，带领教师参加体育锻炼，跳健身操、慢跑等，在体育运动中锻炼意志和强健身体，保障教师身心健康。

（五）建立教师成长工作坊的实践模式

通过为期一年的实践研究，在专家的指导下，课题组建立教师成长工作坊培训实践的模式共分为五个阶段。

1. 理念更新，积极参加

时代在前进，社会在发展，教师面对来自内外界的压力不堪重负。以前，老师们总是觉得自己可以承受、忍耐一下就过去了，对于自己的焦虑、抑郁、强迫没有过多的关心。因此，在这一阶段，课题组运用工作坊提升教师的心理健康觉察能力，帮助教师认识心理健康的重要性，提高其参与的积极性和主动性。

在培训时，从引导教师发现自己的心理状况开始，结合典型个案，让导师们发现导致教师心理问题的可能原因，之后由导师分享台州教师这一年的压力报告，来分析教师的外在压力、自身觉察能力以及调节系统的不足是产生心理问题的主要原因。培训开始前，通过热身小活动，把教师们参与的积极性最大可能地调动起来，让他们的注意力和兴趣集中在培训内容上。如在“我想说……”的主题培训中，导师用了“猜拳按摩游戏”，让所有的老师参与进来，并了解在团队中相互合作取暖是很有意义的。这种小游戏带给所有成员舒心的感觉，并且能使其精力充沛地进入学习状态。有位老师说：“曾经我觉得同事就是同事，朋友就是朋友，这个界限我是很清晰的，我不会和同事谈论工作以外的事情，但今天我觉得特别畅快，这种感觉就好像是和我相处多年的朋友在聊天一样，什么话都能说，什么感受都能表达，真舒服。”

2. 情境再现，角色对话

在第一阶段，通过工作坊及其他形式已经让教师们觉得心理成长对于教师是很重要的，并且很大程度上愿意参与成长，接受并喜欢这种模式。因此，在这一阶段，通过创设情境积极引导受训教师主动参与情境讨论、充分体验。经过此阶段使受训教师置身于情境当中，获得真实的情感体验，使教师们进一步从情感层面体验到心理健康的重要性、心理成长的必要性。

在让阳光透进生活的工作坊中，一位教师提到很多时候她都觉得紧张、焦虑，担心自己不够好，不足以让他人满意。导师在征得她的同意后，问她是否愿意成为今天的个案，帮助她处理这个情绪。得到同意后，导师帮助她放松，她回忆起自己最早是在 5 岁的时候有过类似体验，那时妈妈叫她洗袜子，无论她怎么努力洗，她洗的袜子都没有得到妈妈的认可。这种感觉一直伴随她很多年，因此她在很多时候总会觉得自己不够好，这种感觉使她产生了严重的焦虑情绪。经过导师的情景再现角色对话后，这位教师当场就觉得舒服多了，她的身体明显比之前放松了许多。这次工作坊活动结束后，笔者发现这位教师做起事来比之前自信多了，面对压力的时候也比之前坦然多了。

3. 积累经验，掌握技巧

通过前面两个阶段，教师们不仅在意识上认同了心理成长的重要性，而且也亲身经历和感受了心理成长的魅力。因此在这一阶段，培训目的就是提升教师心理健康的觉察能力，就是将理论知识转化为实践的过程。

这一阶段，要求教师在平时的生活中积累生活事件、面对生活事件的感受，以及当时是什么想法让他产生如此感受的练习，并将此作为培训作业，帮助教师觉察自己的情绪和思维。在这个过程中，有些教师采用日记记录，有些采用微信记录，有些给自己列了表格做了笔记，这些记录帮助教师们反思自己的自动思维，觉察自己的核心信念。教师们在工作坊中争着抢着成为个案，活动后认真做练习，事件发生时不断地觉察，事件发生后认真地反思。经过一段时间后，一位教师在微信朋友圈中说："我的感觉常常会被卡住，我一直不知道原因在哪里，童年的成长经历让我觉得自己不如别人。今天我想对自己说，我友好、善良、努力、勤奋，这些特质会让我越来越好的，我一直在进步，今天我觉得我的任督二脉都打通了，开心。"

4. 创设情境，现场演练

工作坊的目的是让教师在培训中获得成长，同时也学会一些技能提升幸福感。要达到教师心理成长的终极目标，教师在认识、觉察的基础上还要学会合理应对。比如在亲密关系成长工作坊中，导师带领参与者领略由于男女生理不同和需求不同而造成的模式和反应不同，帮助大家理解男女在婚姻中的不同。在工作坊中，导师创设的情境是一对小夫妻，刚结婚两年的小夫妻因生活琐事吵架，借此帮助大家理解双方的心理需求，教会大家如何表达自己的需求容易让对方理解到、感知到。这些演练对于大家来说非常有意义，不管对于亲密关系还是亲子关系、师生关系或者其他关系，都有很强的指导意义。教师们习惯了在教学中采用命令式、指导式语言，这种语言的效力十分有限。

5. 总结反思，整合经验

受训教师的心理成长还需要他们不断地总结反思，以促进新旧知识的整合。受训教师被要求在活动后通过回顾、判断、监控自己的学习和应用，通过体验和分享，不断对自己的理解进行思索、修改和调节。教师通过这一系列自我反思的过程，最终把培训中获得的体验加以整合，纳入自己的知识和情感体系。工作坊的整合方式由两个部分组成：一是横向经验分享，就是参与教师通过体验和分享，把导师和其他成员的经验纳入自己的经验系统中；二是纵向经验的整合，是指受训教师反思自己在培训前后的经验，把自己在培训中获得的新旧经验加以整合。通过这两个方式，最后提高自己的心理水平，从而达到心理成长。许多教师在最后一次培训中分享：“从一开始的局外者，到现在的不忍结束，我知道我在这里得到的太多太多了，这不仅改变了我自己，更改变了我的班级、我的家庭、我的一切，希望学校还能提供这样的机会，让我变得越来越好。”

六、研究成效和未来展望

（一）研究成效

1. 教师层面

（1）激发了工作的自主性

在组建工作坊的过程中，课题组全程保证教师的自主性，先设计提供菜单式的清单，让教师可以根据自己的实际情况确定参加哪个工作坊。这不但提高了参与的主动性，满足了教师自尊和自主的需要，更促进了教师工作成就的优化。教师不仅能以尽可能少的时间做更有效的工作，此举还鼓励资源共享，提高工作效率，减少浪费。要大力提倡和鼓励教师合理交流课件、教案设计及环境创设的材料，让教师在交流中互相学习，相互借鉴，共同提高，从而实现资源价值最大化，达到资源共享、共同进步、轻松工作的目标。

（2）成为主动的学习者

学习是给自己补充能量，先有输入，才能输出。尤其在知识经济时代，知识更新的周期越来越短，过时的知识等于废料，只有不断地学习，才能不断摄取能量，才能适应社会的发展，才能生存下来。要善于思考，善于分析，善于整合，只有这样才能创新。教师心理成长工作坊不同于传统的培训，在这样的培训模式中，老师是主动的参与者、体验者和学习者。教师有选择地确定自己的学习内容，这些内容是老师们感兴趣的和迫切需要的，这种动力使教师在工作坊中受益，因此形成良性循环，下一次会更想参与并有更高的投入度。

（3）改善了沟通的技巧

事物不是孤立存在的，没有周围的一切就没有你的存在。因为这样所以要学会沟通，而如果会沟通就能够让人与人之间更加靠近，那么就能够产生共鸣，促进合作，从而实现共赢。通过活动，笔者惊喜地发现不管是工作，还是生活，不管面对的是配偶、学生还是学生家长，教师都在遇到问题的时候学会了沉下来，思考对方的心理需求。当理解了对方的需求后，教师变得更温和、更柔软、更有同理心了，因此沟通起来也更有效了。

（4）加强了自我保健意识

在培训中，教师加强了自我保健意识。积极的心态能把坏的事情变好，消极的心态能把好的事情变坏。教师更愿意和优秀者为伍，读好书——和名人对话。另外老师们现在都会在上班期间一起运动，操场上、工会健身房、办公室里常常会看到他们运动的身影，他们看上去更阳光积极了。

（5）提升了主观幸福感

有教师在微信朋友圈中分享了这样的话，“今天的工作坊活动结束了，我觉得在这个集体里太幸福了，我感受到伙伴的信任，感觉到生活的希望，今天的云都好像在微笑”。教师如果感到职业倦怠，跟自己过不去，那他的职业生涯可算是苦海无边了，工作效率更是可想而知。而如果有幸福感，那就能心无旁骛地致力于自己的事业。所以，多一些幸福感的体验可以把自我从无尽的愤懑、满腹的牢骚中解脱出来。教师积极参加工作坊，努力寻求心灵力量的支撑，尝试着以从容之心面对一切教育对象和现象，心平气和脚踏实地地在自己的教育征途上徐徐前行，让教育的过程成了体验幸福的过程。

（6）改善了社会关系

和同伴一起欢笑、一起流泪、一起沉思、一起震撼，于是教师变得率真开朗。团队的包容让教师觉得在这个集体里是安全的、可靠的、放松的，这种感受延伸到了工作中，同事间的友情更深厚了，对集体产生了归属感。于是，教师就是课、课就是教师，教师和学生一起进入一种人课合一的境界。这种境界是什么？这种境界就是深深的职业幸福感。所以，“全情投入、彻底敞开、高峰体验、享受过程、率性而为”等关于生命的学问和修养也随之而来。同时，良好的沟通让教师的家庭也更幸福、更稳定，人际关系变得温馨和谐。

（7）学会合作共赢

合作是一种境界，合作可以打天下，强强联合。合力不只是加法，1＋1可以是11，再加1是111，这就是合力。但第一个1倒下了就变成了－11，中间那个1倒下了就变成了1－1。在工作坊中，老师们也越来越深刻地意识到只有学会合作才能互惠互利、相得益彰，能够实现双方或多方的共同获益。

2．学生层面

（1）“师源性”的伤害更少了

经历了心理成长的老师，能更好地了解自己、认识自己、觉察自己，不仅更熟悉教育科学、精通专业知识、懂得教育规律，而且因为学会了心理调节，情绪更稳定，减少和避免了学生“师源性”伤害的发生。

（2）学习兴趣更浓了

教师经历了心理成长变得更有生命力了，他们精神充实，精力充沛，越来越有人格魅力了。这样的老师非常吸引人，他们用自己的心灵感召学生，用这样的人格魅力感化学生。这样的教育充满了灵性，充满了文化气息，学生的学习兴趣和求知欲望也更浓烈了。

3. 学校层面

(1) 创设了“温情校园”的氛围

关注教师的心理健康，首先要创设良好的学校环境。学校环境是教师最经常、最重要、最直接的工作与生活场所，教师的教育活动主要是在学校中进行的，学校环境不佳最容易引起教师行为受挫。要改善教师心理健康状况，应与对教师的要求及对他们的理解、关怀密切结合，从政策、管理等各方面尽可能为他们创造、提供宽松和愉快的工作环境。每个教师不仅需要政治上、物质上的关心，而且需要情感上的关怀、心理上的支持。所以，学校要真正以人为本，管理要体现人性化的特点，致力于优化校园人际关系，营造一种互相尊重、平等相待的融洽而和谐的心理氛围；加强与广大教师的沟通与联系，建立良好的领导和教师关系，接受教师的合理要求；在制度上，引进合理和公平的竞争机制，使教师置身其间能有一种安全感，从而心情舒畅地工作；在管理体制的改革中，以多种激励方式让教师享受到成功感、自我价值感和积极的归属感；在教师的个人成长中，帮助教师不断提高个人工作能力，给教师提供表现自我价值的平台。总之，就是要营造尊重知识、尊重人才的良好氛围。

在这一年教师心理成长工作坊的实践中，笔者发现老师们变得更加关注学生、关心自己，同时在工作上更有动力和活力，校园里充满了温情。教师们通过各种形式的成长、发展，使得教育更有魅力。

(2) 心理健康教育氛围更浓，专业教师成长更快

心理工作坊的开展促进了心理辅导教师专业成长。在组织心理工作坊活动时，心理教师需要查看大量的资料，在活动开展过程中，又要调动组织能力和现场调控能力，自身获得了专业成长，在其他教师心目中的地位也得到了提升。同时，教师心理工作坊的开展，得到了学校教师以及领导的认可，促进了学校良好心理健康教育氛围的形成。对不同性格、不同表现的教师要

用恰当的方式和合适的语言通过意在言外的暗示传递信息、交流感情。这样就容易使人接受，更有利于沟通感情。暗示，使教育的力量能够触及人的灵魂深处，能切实地保护人的自尊。工作坊里多用赏识的方式，善于发现教师身上的优点甚至会挖掘出教师身上潜在的能力，借此激励教师更好地教学，获取教育的更大成功。更要经常鼓励、赞扬老师，“好老师是赏识出来的!”不要吝惜自己的赞赏。

（3）教师执行心育行动更强

工作坊的最终目的是要引导教师享受生活、热爱工作，积极开展行动、解决问题，在工作中进行心理健康教育实践。因此，培训专家在培训过程中也要以行动研究的思路和方式进行教师心理健康教育，勇于实践，不断发现问题，积极寻找策略，坚决落实策略，评价与反思效果，再发现和思考新的问题……行动研究是循环的过程，教师在心灵成长实践中要保持持之以恒的精神，不断地开展行动与反思，坚持改善自我的心理健康状况。

（4）全员心育促进学生人格健康发展

帮助教师建立良好的人际关系，教师要学会与人交际，善于与人交际，将自己和谐地融于社会之中，保证健康的心理。为此，学校鼓励教师在工作中尽可能发挥自己的个性和聪明才智，从工作中获得满足和激励。作为教育的管理者，要努力为教师营造和谐的内在环境，主动为教师排忧解难。任何改革措施的出台，都必须考虑到“教师心理”这一层面，考虑大部分教师的心理承受能力。学校应有组织、有计划地对教师开展心理测验与调查，联合社会机构开展教师心理咨询和心理辅导活动，并有针对性地采用集体心理辅导、个体心理咨询等措施，提高教师心理素质。积极举办工作坊，让所有教师都能在这样的氛围中成为一个心理健康的人。当前，一般参与心理健康研究活动的都是专职或兼职心理教师，而像本校这样动员全体教师参与心理教育，以学校为单位的教师心理成长活动实为少数。只有全员参与、全员渗透，形成良好的心育氛围，才能在真正意义上保证学生的人格健康发展。

（二）未来展望

根据前期开展的情况看，课题组有信心看到教师心理成长工作坊将成为教师培训的新途径，这种模式针对性强、参与性高、教师之间的交流和互动随时进行，更有可能为教师的成长提供机会。把培训的内容侧重在心理方面，这不但是时代大环境的要求，也是教师完善人格、追求幸福生活的客观需要。工作坊由教师根据个人的意愿自由组合，并自主选择研究内容，是教师围绕共同目标，心甘情愿地结合在一起的合作团队。在活动中，教师不再以为自己的困惑是个人的，而是可以敞开心扉，尽情表达，这样的分担与分享可以很好地为教师提供减压与驱除孤独的平台。因此，这种在工作坊中研究的问题是最自然、最真实的，也将成为教师解决问题最切实有效的途径。尤其从教师的人际关系维度看，教师心理成长工作坊成为一个实践共同体，在这个团体里，可以获得持久的心理支持，获取丰富的心理资源，这个团体必将成为教师团队文化、蓬勃生命的隐形力量。

参考文献：

[1] 周国韬，盖笑松．积极心理学与教师心理调适［M］．北京：中国轻工业出版社，2012.

[2] 李立君，丁新，武丽志．教师工作坊网络研修的“重要他人”研究：人类发展生态学的视角［J］．中国电化教育，2015.

[3] 张思，刘清堂，熊久明．认知学徒制视域下教师工作坊研修模式研究［J］．中国电化教育，2015.

[4] 龚明斌．教师工作坊研修项目的设计与实施［J］．教师，2015.

[5] 葛鲁嘉．心理成长论本：超越心理发展的心理学主张［J］．陕西师范大学学报（哲学社会科学版），2010.

[6] 刘晓明，王丽荣．引领教师教育向生命关怀回归：论老师心理健康教育的学科定位［J］. 中小学教师培训，2009.

[7] 施秋奕．成长工作坊：心理教师团队发展的有效探索［J］．中小学心理健康教育，2010.

多校区学校教师在线教研的实践探索

南小娟①

在集团化办学、多校区管理的背景下，由于受地域、时间、内容等条件限制，传统的教研活动很难做到全员参与。即便参与，活动的议程固定，发言人数有限，被动听众多，效率较低，教研资料备份困难，更难于共享。而通过网络，活动可以不受诸多因素制约，更大程度地实现交流对象的角色平等、交流机会的充分均衡，实现无障碍地参与探讨，使多校区学校教研活动的开展更有实效。

一、缘起

（一）多校区学校呼唤对教研组活动的创新

玉环市坎门中心小学创建于 1898 年，是全国十三位现代少年英雄之一

---

①南小娟，女，大学学历，高级教师，中共党员，台州市小数会会员，本课题负责人、执笔人。现任玉环市坎门中心小学副校长，被授予台州市优秀教师、台州市教学能手、台州市教坛新秀、玉环市第三届春蚕奖十佳教师、玉环市名教师、玉环市教育系统优秀党员等荣誉称号。先后获台州市小学数学教学大比武一等奖，玉环市小学数学教学大比武、优质课评比一等奖。主持的两项课题获玉环市 B 类资助课题，一项获台州市教育科研优秀成果三等奖。多篇论文在省级刊物上发表，并在各级各类评比中获奖。该课题系台州市电教课题，成员有陈月琴、叶青。

——林森火的母校。2014 年 9 月，学校落成并启用新校区。两个校区相距有十几分钟的车程，全校有教职工 170 多人，分语文、数学、综合三个教研大组，每个教研组平均有四五十人。这么多人经常一起进行教研活动，在时间安排和空间跨度上实施起来都有一定的困难，容易造成研讨参与者少，受益者少，教研效率不高的局面。

（二）网络技术为教研组建设提供了良好的平台

网络技术为教研组建设提供了良好的平台，校区间的空间距离不再是问题，缩短知识和信息传播的时间和周期，教师有了更多文字资料、更多的音频和视频资料、更多可以直接交流的朋友、更多可以展示自己并获得反馈的途径，所有这一切都给教研组注入了一股新的活力，使教师学习与研究的兴致更浓，效率更高，提高更快。

1. 录播系统：是一款功能强大的课件录制和直播设备，它具有录制、直播、点播、导播、存储和跟踪等多种功能。可以把课程的全部过程录下来，可将场景内主讲教师的画面、电子文稿、老师板书、学生反应以及声音信号通过摄像机、拾音器等设备完整录下来，生成可点播的多媒体文件。学习者可以通过网络在线收看现场活动，也可以在线浏览录制的音视频文件，并进行互动评论。

2. 网络云盘：教师可以方便地用文字、多媒体等方式，将自己日常的教学感悟、教学心得、教案设计、课堂实录等上传发表。

3. 即时聊天工具：群聊的优势是即时性和随意性强，可以随时交流。学校提倡老师们经常在教研组的聊天工具内加强教师与教师的交流。大家的思想相互碰撞，会产生许多思维的火花。许多教师不经意的一个想法，就可能带来更多更深层次的反思，从而让教师在群聊中得到更多更好的教学建议。

二、概念界定

广义上讲，网络在线教研是指在教研过程中运用了网络技术的教研活动。狭义上讲，从学习方式与教学研究实践方式的视角来看，网络教研则是指将网络技术作为构成新型学习研究生态环境的有机因素，以探究学习交流研讨作为主要学习方式的教学研究活动。本研究界定的在线教研概念更侧重于后者。

三、相关研究现状

网络教研是建构主义学习理论与现代教育技术相结合的新型教研形式。网络教研由最初部分教师和教研员零星的、自发的、分散的网络互动，到后来发展成教师、教研员自觉的主动的行为。

近年来，教师如何进行网络环境下的教学和教研，不少学者对此进行了有益的探索，在理论设计层面上提出了很多构想，给了大家很好的启发。通过文献梳理发现，国内学者一直较为关注网络教研平台的搭建、基于不同网络平台的学习共同体的构建及其相关应用研究，如基于 wiki 工具（多人协同创作的超文本系统）的学习共同体建设及网络教研模式研究，基于博客圈的虚拟学习共同体的建设，基于 QQ 群的虚拟学习共同体及其教学应用研究，构建基于 Moodle 的区域网络教研平台等。而专门聚焦小学教师这个特定群体，探讨如何把理论设计转化为可实施、可应用的常态化模式，如何在实践中建构环境，形成有效的运用推广机制，如何不断响应广大师生需求，持续改进网络教研的效果，这方面的研究少之又少。

四、研究目标

通过组建教研组微信群聊组，开展以课改为载体、以人的发展为核心、以培养教师的反思精神与实践能力为目标，发展教师教学个性的教研组网上即时群聊活动。

研究基于网络技术的教研组活动，探讨如何让教师兴致浓厚地参加教研活动，如何让合作探究和交流成为教师的自觉行为，以此来促进教师专业发展。

五、改进思路

（一）研究设想

1．基于网络环境的集体备课模式的研究

传统的集体备课是将教师集中起来，在规定的时间内进行集体研讨，而利用网络进行集体备课，就可以采用“一人主备、多人参与”的方式。研究组的老师在规定的时间内，将自己的教学设计上传到云盘，其他教师利用课余时间在线研读，参与网上研讨活动，提出修改意见。负责教师将各个教师的教学设计以及他们的修改意见进行归纳梳理。在个人设计出具体教学活动后，小组成员就教学任务的设置、信息资源的运用、教学管理、过程性评价等方面再次讨论，补充修改，形成较完善的教学方案，作为最终的教学设计。

2．基于网络环境的互动教研模式的研究

由发起人发起活动，邀请相关人员参加活动，可实现实时的“桌面式”教研。利用即时交流工具的多方视频或语音通话功能，开展实时的教研讨论或者课堂交流。拟形成“备课—录课—晒课—评课—研课—反思”的操作流程，使网络教研资源不断积累、传播，并产生持久的良性循环。

（二）研究方法

以“做中学”理论为指导，对基于网络环境的集体备课模式和互动教研模式开展有针对性的研究，通过理论学习与实践，深刻反思，不断实践。以行动研究法为主要研究方法，边实践边总结边研究，综合运用观察法、经验总结法等多种科学研究方法形成科学方法体系进行课题研究。

行动研究法：通过计划—实践—观察—反思四个步骤，在边实践边反思的基础上，进行研究、反思、总结。

调查法：在实践前期和后期采用问卷、谈话、观察等方法进行调查，为研究提供依据。

经验总结法：不断总结得失经验，收集经验材料，整理归纳。

六、实践探索

（一）在线教研的软硬件建设

1．骨干先行——在线教研的核心

各学科遴选有较强素养的教师成立了学科中心研究组，教研团队主要由两个校区教务处成员、学科教研组长和骨干教师组成。在活动过程中每一位成员都是活动的主体，平等参与整个教研活动。

2．平台建设——在线教研的基础

开展在线教研必须要有信息载体、开展活动的平台，也就是开展在线教研的基础。目前，教师已达到人手一台计算机，达到了网络进教室、进办公室，具备了开展在线教研较扎实的物质条件。

（1）即时交流工具

具有交流的即时性，交互性强。在教研组内提倡教师与教师的交流，大家的思想相互碰撞，会产生许多思维的火花。可组建固定的教研群，也可以邀请多人参与的方式组成一个临时的讨论小组，而且可以多人同时发言。发言情况可以下载保存，将发言情况整理成书面材料打印存档。这样就突破了时间的限制，即使因特殊情况不能及时参加的教师也能受益。

（2）网络云盘

申请注册“坎小教研”网络云盘，下设“语文教研组”“数学教研组”和“综合教研组”。开设“百家栏目”“我来上课”和“活动反思”三个栏目。

“百家栏目”：进入教研活动的理论学习阶段。由活动负责人组织部分教师收集相关学习资料并上传，其他成员利用课余时间阅读学习。

“我来上课”：进入教研活动的示范课阶段。负责人将结合学习主题，发布每堂教研课的原始教案，教研组成员把自己对教案的评价及建议上传，上课老师根据成员的意见进行修改，继续发布教研课的第二稿、第三稿等修改稿。

“活动反思”：进入教研活动的教学反思阶段。执教教师可以总结自己的得失，不断深化自己的认识，不断修正自己的策略，在自我反思中成长。教师通过阅读他人的教学反思，可以分享他们的心得，受到启发，使自己的教学反思水平、问题意识成螺旋状上升。

基于在线教研对网络技术的要求，要加强对教研组长及成员相关网络技术的培训，包括网络云盘使用培训、QQ或微信群聊的管理培训、撷取教育信息能力的培训等。

3. 制度管理——在线教研的保障

网络教研制度的建立是网络教研的保障和促进力，规范网络教研行为可以促使教师更积极地参与教研，真正拓展教研的时间和空间。根据学校的实际情况，特制定《坎小教师在线教研相关要求》，对教研组长、主备教师和协同组教师做了具体的要求。

（1）教研组长

认真制订每学期的研修计划，按计划组织研修活动，保证时间、保证质量。

教研组长定期举行专题在线研讨活动。每月组织一次专题在线研讨活动，研讨课题和时间至少提前一周发布在本组教研群内，及时汇总研讨成果。

对组内教师提出的问题要及时回复。积极倡导教学问题的互动研讨，不断给教师提供展示自我的机会。

对本组教师网络教研情况进行评价管理。

（2）主备教师

主备教师提前将教学设计初稿发布在“坎小教研”网络云盘。

积极主动与协同组教师交流，根据协同组成员的意见及时认真修改，并在规定时间内提交修改稿。

活动结束，及时总结自己的得与失，撰写教学反思 1 篇，发布在“坎小教研”网络云盘。

（3）协同组教师

及时、积极参与组内交流活动，发表具有价值的评论、留言。

（二）搭建备课平台，助推集体备课

传统的集体备课是将教师集中起来，在规定的时间内进行集体交流研讨，而利用网络进行集体备课，就可以采用“一人主备，多人参与”的方式。集体备课是教师集思广益，实现资源共享，互相交流教改信息，探讨教学方法，切磋教学技艺的一项重要措施。网络为集体备课提供了新的渠道，有利于各学科教师在更广的范围内参与交流，共享备课成果。

经实践，课题组总结出集体备课流程的 4 个环节：

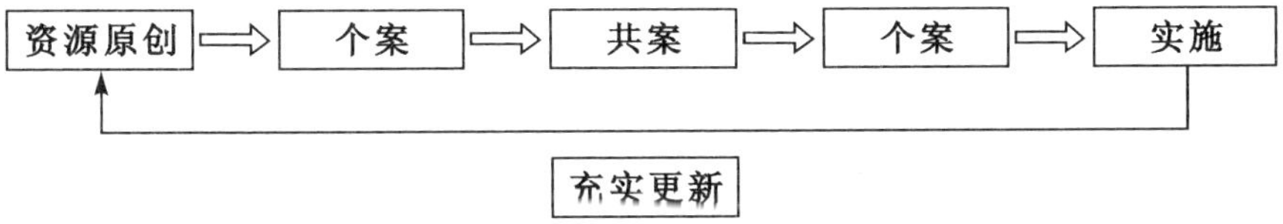

1. 编写方案，确定小组

主备教师在规定的时间内在线提交教学设计方案。在此基础上，主持者根据参与教师所在学段，确定备课协同小组，并发布相关协同备课的指导材料。如，执教《比的意义》一课，教研组长事先搜集了特级教师、名师等教学实录若干篇，上传到网络云盘，教研组其他老师在线阅读学习。

2. 组内协同，方案修订

阅读资料后，同组教师通过批注和评论等方式开展协同备课。在协同过程中，不仅要注意提出可操作性的修改建议，同时阐明建议背后的设计依据，从而实现不同教学思想和教学策略的分享、比较、碰撞和协商，实现教师教学设计群体知识的分享和进化。

3. 教学设计，方案实施

完成了设计方案的在线协同构建环节，接下来需要将其应用在教学实践中，执教教师根据协同教学设计方案进行执教，同校区的教师进行教学现场课观摩，另一个校区的老师通过网络直播同步观摩，在观摩的基础上开展评课并通过网络反馈。通过知识的实践化，反过来可以进一步验证、修正理论知识，从而实现理论和实践的互补。

4. 反思实践，完善方案

教师参考小组观摩后，反思教学设计预设和生成的差异及原因，进一步完善方案，以教学反思的形式提交到网络云盘。通过对协同备课过程中的反思和梳理进行知识提炼，在实现教师个体知识的内化和组合化基础上，为后续协同备课活动提出了新需求、新主题。

在线教研集体备课，是主备人和协作组成员对海量网络资源的精挑细选的过程，也是结合具体学情再创造和提升的循环过程。

（三）搭建录播平台，助推互动研课

1. 基于网络环境互动研课的可行性探讨

（1）在线研课的适用性

在线研课的形式更适用于课堂教学观摩活动，在研课的过程中，有一些指导性的意见无法通过文字形式传递给执教者，如语气、教态，磨课的研讨过程更需要面对面的交流。因此，课题组更多地在课堂教学观摩活动中采用在线研课的形式。如承办市级教研活动或学校大型教研活动时，组建微信研讨群，让老师们边听边参与评课活动，强化问题意识、行动研究、伙伴互助，老师们在参与过程中，一方面从中得到体验、感悟和收获，另一方面在帮助别人的同时提高自己。

（2）在线研课的频度把握

在线研课能让处于不同地点的教师互相协作，进行跨区域的教研活动，匿名点评有利于教师畅所欲言，教研成果的共享使教研效果得到巩固和强化。但在线研课不能完全取代传统的教研活动。在线研课的形式不宜频繁进行，频繁的在线研课活动容易使教师产生厌烦心理。因此，在公开活动级别上，选取每学期的大型教研活动进行；在时间分布上，每学期定期举行2—3次。

（3）在线研课的评课优势

值得一提的是，传统的面对面教研活动，在进行点评课的时候，点评者碍于情面往往只指出被点评者的优点，即使在领导在场不得不提缺点的情况下，也只是无关痛痒地说两句，难以达到教研活动扬长补短的真正目的。利用即时聊天工具，在聊天群中由于参加人员使用昵称，使得点评双方都放得开，基本上可以实现畅所欲言，效果较好。

2. 基于网络环境的互动研课一般流程

基于网络环境的互动教研一般流程：课堂展示—互动点评—专家引领—精品展示—资源上传。网络教研资源不断积累、传播，并产生持久的良性循环。

（1）课堂展示

教研组（或协作体）确定教学内容，经过多次集体备课，根据优化后的方案，确定教研组成员上录像课。

（2）互动点评

在课堂展示前，首先组织听课老师扫二维码加入群聊，针对课堂教学中的关键问题进行在线互动点评。点评可在课中即时进行，也可在课后集中进行。听课教师总结出有价值的教学经验或问题解决的办法，帮助执教教师找到不足之处并加以改进。

（3）专家引领

每次活动邀请教研员或学科带头人组成专家组，结合听课互动点评的情况对本节课做专业性点评，重点解决课堂中存在的问题与困惑；执教老师结合专家点评进行自我反思：教师设计和教学实践的成功之处、教学过程与教学设计之间的差距、学生的实际学习效果与预期教学目标之间的差距等。

（4）精品展示

做课教师根据专家及听课老师的点评与交流，对比分析前后几次的教学设计，提出改进教学的具体设想，形成精品教案，再次进行网络课堂展示。

（5）资源上传

教研活动取得的经验和成果最终是为教学服务的。不管是教研过程中，还是教研活动结束后，都把教研组教师在准备、完善、实施过程中累积的资料或成果，如教学设计方案、相关教学资源、指导学生作品、课例实录、教学反思等内容及时上传到网上教研平台，形成教研资源库，以便常规教研活动结束后仍可以借助网络让更多的人继续参与，进行源源不断的深入探讨。

活动记录：

时间：2017. 3. 2

活动：玉环市语文“在线教研”活动案例

地点：海都校区

在线人员：包括语文、数学等学科老师共 67 位，其中语文教师占 90%。

活动过程：

1. 课堂展示

语文教研组经集体备课确定教学设计，推选杨老师进行课堂展示。

2. 互动点评

在课堂展示之前，教务处建立了一个微信群，并将评课要求详细做了说明。上课伊始，听课老师扫二维码加入微信群聊，并在观课的过程中，适时对课堂教学进行点评。教师的点评纳入每学年听课考核中。

微信评课要求：

（1）进门请签到。

（2）扫描二维码，加入群聊。

（3）参与微信点评活动。针对下午的两节课，请大家在群里进行点评，可在课中即时点评，也可以在课后集中点评。

（4）微信点评（不少于30字）将作为一次听课评议活动，与签到表结合，纳入最后的听课记录中。

活动开始后，老师们陆陆续续加入群聊。并针对课堂上的关键问题，有感而发，从教态、教师语言、学生参与度、板书设计等方面进行中肯、精练的点评。

3. 专家引领

观摩活动结束后，市教研室涂老师做了《把握部编教材特点，落实语文核心素养》的专题报告，涂老师结合部编语文一年级下册教材内容，形象直观地展示了每单元语文要素的安排特点及呈现方式，并结合两节研讨课重点围绕识字写字、课文、和大人一起读等板块，详细介绍如何正确把握教材编排的特点以及落实语文核心素养的基本要求和行之有效的策略，令与会老师有醍醐灌顶之感。

4. 精品展示

杨老师根据专家及听课老师的点评与交流，对比分析前后几次的教学设计，提出改进教学的具体设想，形成精品教案，再次进行课堂展示。

5．资源上传

活动结束后，本课的教学设计与课件将上传到学校网络云盘，供学科组的其他老师参考。

（四）搭建录播平台，助推主题研讨

开展系列化的主题教研活动，有助于教师更加深入系统地研究问题，规范教师的课堂教学行为。为了加快青年教师的成长，学校提出上好“三课”的做法，即名优教师给青年教师上好示范课，青年教师上好汇报课，课题研究上好研讨课。通过视频录播，现场传递课堂展示活动，同时进行网络交互式讨论交流。

活动记录 1：

时间：2017. 11. 29

地点：海港校区、海都校区

活动形式：骨干教师展示活动

在线研讨人员：语文、数学等学科老师共 92 位，占全校教师人数的 54%。

活动过程：

1．课堂展示：由 5 位玉环市骨干教师进行课堂录像展示。

2．互动点评

在课堂展示之前，教务处建立了一个微信群，并将评课要求做了详细说明。上课伊始，听课老师扫二维码加入微信群聊，并在观课的过程中，适时对课堂教学进行点评。

教师点评摘录

评《失落的一角》一课

骆老师：陈老师利用简单的图片故事情节，激发学生阅读绘本的兴趣，并展开丰富的想象力，让学生在轻松的环境中明白深刻的道理。

林老师：陈老师的这节课引人入胜，亮点很多，教给孩子阅读绘本的方法，指导朗读到位，评价语贴切自然，孩子在边猜边创的过程中，不仅培养了想象力，更领悟到人生的道理。

邱老师：谢尔·希尔弗斯坦的《失落的一角》是非常经典的绘本，选择这样的绘本来教学，既是独具慧眼又显教育意义非凡，绘本传递的价值观也让孩子们耳目一新。

林老师：绘本课听得不多，但是陈老师让我有种本该如此的感觉，从简单的文字中体验情感，提炼学法，思考故事蕴含的道理。陈老师上课娓娓道来，不疾不徐，从容的教态和对课堂节奏的把握都令我受益。

卢老师：陈老师用抑扬顿挫的语调，循序渐进地推进问题的设计，巧妙地构思课堂结构。听陈老师一节课，如同春风拂面十分惬意，还赏心悦目，受益匪浅。

评《神笔马良》一课

李老师：最喜欢徐老师，每次在学生回答问题后都能精辟地点评或巧妙地引领，让学生自然而然地跟着老师领会文中的要点。

林老师：徐老师的课处处彰显着学习方法的渗透，并让学生学以致用，真正体现一课一得，体现有效课堂。

叶老师：徐老师在课前组织教学时，就把对朗读的要求，比如朗读时节奏不拖拉表现在师生问好中。在课堂导入时，用孩子们熟悉的动画人物一下子就把孩子们的注意力都吸引过来，而且精简的板书帮助学生更好地学习概括文章内容。

骆老师：很想用这样几个词形容徐老师的课：授方法、重详略、练写法、引思考、容量大、高效率。三年级概括总结并寻找最主要的信息应该是很难的，徐老师由扶到放，层层推进，使学生在学中逐步掌握概括的方法，也使我受益颇多。

杨老师：徐老师采用预习单的方式将预习单的内容融入整堂课的教学中，由多种信息到选择关键信息，由长句再到提炼词语进行概括，将概括的方法授予学生，并让其自己去文中提取信息进行概括，体现了学以致用。

评《沏茶问题》一课

林老师：王老师的教学语言精练，让学生的主体性得到充分体现，教学情境的设计既有生活趣味，相互之间又有关联，体现了课堂教学的梯度和效率。

叶老师：王老师的沏茶问题生动有趣，把生活中的事例带入课堂，让学生尝试从优化的角度在解决问题的多种方案中寻找最佳方案，练习的设计颇有层次感且新颖，是值得学习的一节课。

3. 资源上传

活动结束后，将本课的教学设计与课件上传到学校的网络云盘，供学科组的其他老师参考。

活动记录2：

时间：2017. 11. 17

地点：海港校区、海都校区

活动形式：坎门中心小学新教师登台课

在线研讨人员：语文、数学等学科老师共104位，占全校教师人数的65%。

活动过程：

1. 由2017年新进的6位老师进行课堂录像展示。

海港校区

海都校区

2. 互动点评

在课堂展示之前，教务处建立了一个微信群，并将评课要求做了详细说明。上课伊始，听课老师扫二维码加入微信群聊，并在观课的过程中，适时对课堂教学进行点评。

教师点评摘录

评《四季》一课

叶老师：好像杨老师的课前读得有点长，课程导入很自然，能时刻掌握学生的上课状态并纠正。

叶老师：杨老师的语文课《四季》，抓住了一年级学生的特点，时刻关注学生的注意力，加入了动作，从而提高了学生学习的兴趣，注重生字教学，落实到位。

劳老师：杨老师在教学《四季》时，运用了多种形式的朗读，让学生在读中感悟，在读中收获情感的体验。

评《7 的乘法口诀》一课

王老师：汪老师这节课的主要环节应凸显生本的课堂，在探究 7 的乘法口诀建构过程中欠深入，欠联系。课堂中我们发现孩子们总喜欢用加法去理解 7 天过程中的产蛋量，其实这就是他们的知识经验的起点。所以，探究中我们可以结合具象图，联系加法去加深孩子们对 7 的乘法口诀的理解！孩子们会背口诀，如何让他们更本质、更深刻地去思考和理解7的乘法口诀，值得深思！

侯老师：汪老师在教学中紧紧围绕“几个7”开展教学，从表格、方格图、练习题到点子图，始终贯穿着对“几个7”的理解与解读，重点突出，条理清晰。但在讲解由加到乘时处理得还不够到位，缺少适当的小结。

评《乘加、乘减》一课

南老师：吴老师这节课，数形结合非常到位！在理解 $3\times3+2$ 的时候如果能与图及加法算式一起理解就更好了。

柯老师：喜欢 $6\times3-6=12$，$6\times2=12$ 这类型题。

南老师：善于用评价语言进行课堂调控，赞。

叶老师：吴老师在导入部分带领学生走进非常熟悉的游乐园，让学生仔细看，并说说收集到哪些数学信息。这一环节贴近学生生活实际，并且把学生非常感兴趣的情景搬到了课堂中，极大地激发了学生的学习兴趣。

评《What can you do》一课

董老师：汪老师组织教材条理清楚，处理恰当，重点突出，难点突破；教态自如、大方、亲切，板书工整、简明有序；课堂氛围热烈，学生思维积极，轻松愉快。

施老师：汪老师在对本节课核心词语的处理上非常周到，通过听音、辨音、定音等形式强化学生的发音，并通过师生问答、生生问答的形式让学生在情景中进行词语的运用，教学扎实有效。

李老师：汪老师的基本功扎实，声音温柔甜美！教学本课核心词组时，通过让学生上台演一演，加深印象及理解。前期的输入为后面“group work”的输出打下了很好的基础。

主持人总结：

感谢大家参与温馨评课活动，在此次活动中，新教师精心准备，各有特色，展示了自己的最佳教学水平，虽然可能还不够完美，但我们相信：小荷初露，只要心向阳光，努力上进，必将馨香四溢。活动结束后，请新教师的师父们整理评课意见，并作进一步的指导。

3. 资源上传

活动结束后，活动负责人将本课的教学设计与课件上传到学校的网络云盘，供学科组的其他老师参考。

七、成效与思考

（一）成效

教师们获得了一种新的学习、工作方式。在网络教研中，很多教师自主结合、动态选择、互教互学，形成了真正意义上的同伴互助和导师引领。在充分展示自我、参与交流的过程中，网络教研促进教师学习反思能力的提高和良好习惯的形成，满足了教师个性化的需求，激发了教师自我发展的内在动力。

多校区学校教研活动更有实效。通过录播平台、微信群聊、网络云盘等方式，增强了教师参与教研的自主性、回应解决问题的及时性和实现互动交流的广泛性，加强了校区之间的联系，加深了教研的深度，提高了教研活动的质量。

教学信息与教学资源实现共享。对资源库内的资源进行上传，形成校园资源库，教研活动取得的经验和成果最终是为教学服务的。不管是教研过程中，还是教研活动结束后，教研组教师在准备、完善、实施过程中累积的资料或成果，如教学设计方案、相关教学资源、指导学生作品、课例实录、教学反思等内容，都及时上传到网络教研平台，形成教研资源库。对所有资源进行共享，实现资源的最优化。

（二）思考

加强管理，建立规范。在开展网络教研时要突显其优势，加强对教研的计划、组织、内容、活动、评价等方面的结构完善，规范在线教研行为。要确定好主持人、组员的职责任务，明确专人负责活动主题的发布、活动内容的组织、活动过程的督导与活动效果的评价，形成良好的研讨氛围，促使教师能按要求参加活动。

在线教研不能取代传统教研。人与人的交流不仅是专业的交流，还有情感上的交流以及社会交往、社会认同感等许多经历的分享。不论技术发展到什么程度，在线教研决不会取代传统的教研方式，二者要相互配合、相互弥补、取长补短、共同发展。

参考文献：

[1] 乔爱玲，高洁．基于在线学习活动的教师研修模式的设计研究［J］．中国电化教育，2013.

[2] 蒋敦杰．走向网络的教师研修［J］．基础教育课程，2011.

[3] 崔允漷．教研员即专业的课程领导者［J］．基础教育课程，2012.

[4] 孙德芳．教师学习的生态现状及变革走向［J］．教育研究，2011.

[5] 仲崇高．QQ：网络教研的利器［J］．青年教师，2008.

[6] 陈玲，张俊，汪晓凤，余胜泉．面向知识建构的教师区域网络协同备课模式研究［J］．教师教育研究，2013.

[7] 吕振，张家年．以QQ群创建虚拟学习共同体及其教学应用［J］．安徽科技学院学报，2010.

基于众筹的区域教研实践与创新

汤小勇①

随着城市建设的发展，始丰街道将逐渐成为天台新城区的中心。始丰街道中心小学地处街道核心区块，是天台县教育对外交流的窗口学校，学校下辖四所农村完小，现有的师资力量已经难以支撑学校高质量地发展，也难以完全满足上级领导和辖区内群众对学校和教师提出的更高要求。而区域内学校布局分散，师资、学科分布不均衡，开展区域教研时教师的主体性不强，合作交流能力欠缺，使教研活动停留在表面，无法达到质的飞跃，难以真正实现教师专业化的发展。因此，寻求更加科学有效的教研模式，切实提高教师的专业素养，促进学校更好更快的发展，成为学校急需破解的难题。

一、缘起

课程改革是人的改革，课程发展是人的发展，没有教师的专业化发展就没有课程的发展，也就没有学生的发展，这场深层次的教育改革也就可能会

①汤小勇，时任浙江省天台县始丰街道中心小学书记、校长，现任浙江省天台县实验小学校长，本课题负责人。课题组成员还有林伟扬（执笔），该课题成果被评为浙江省中小学校本研修精品项目，获浙江省教师发展规划课题成果三等奖。

无功而返。教研工作是解决课程教学改革中的实际问题、为一线教师提供专业服务和指导的基础性工作，是深化教学改革的核心环节，是促进教师专业发展的重要途径。要以教师在课程改革过程中遇到的问题作为校本教研的研究课题，增强教学研究的针对性和实效性。

（一）传统教研的桎梏

一是教师参与被动化。教师自我发展意识淡薄，对教学实践研究没有提前准备，基本不主动关注活动的主题、内容、过程等。由于没有提前思考，导致参加活动时教师存在着应付心态，甘做一个旁听者，如果没有安排发言，便会事不关己、高高挂起。

二是课堂观察浅表化。教师观课视角粗浅，仅关注执教教师的表层操作层面。如执教教师哪个环节设计好，哪个教师的教学设计妙，谁的教态自然，谁的课堂氛围活跃。一些有心的老师回去后便照搬硬套，实践后便会抱怨怎么会照猫画虎反类犬。殊不知在教研时，是教师自身没有透过别人的设计层面去关注更深层次的东西，仍旧停留在一是一、二是二的层面。理念没有提升，何以指导实践?

三是对话研讨碎片化。教研时往往会出现这样一种情景，虽然老师们喜欢扎堆，面向黑板排排坐，但由于缺少团队分工，不能进行有效的课堂观察，观课的效果显而易见。这样的座位还对彼此间的交流、讨论起到了一定的阻碍作用，教研组长成了主持人，执教者和发言者则是演员，参与老师则成为沉默的绝大多数，即使是偶尔发言，也是零散的、碎片化的交流，无法形成良性的和有效的专业引领。

四是活动形式单一化。教研活动缺乏有效组织，造成低层次的机械重复，大多数区域教研仅停留在听评课上。教研活动时，往往是听几节课，然后进行讨论，再进行评课。这个过程也往往是少数人的一言堂，对于全体教师的专业水平提高作用不是很大。

五是区域教研形式化。县域内的区域教研往往是以乡镇街道为单位组织，中心小学主导，所辖完全小学参与。研讨形式多集中于听评课活动，来自各校的教师只是简单地集聚，很少有集体归属感，研讨过程中，彼此间主动交流和沟通也比较少，往往一场教研活动结束便各自回校，没有了更多的实践和反思。

（二）众筹模式的启示

众筹，翻译自“crowdfunding”一词，即大众筹资或群众筹资，香港译作“群众集资”，台湾译作“群众募资”。由发起人、跟投人、平台构成，是一种向群众募资，以支持发起人的个人或组织的行为。具有以下特征：

一是门槛低，成本分摊。无论身份、地位、职业、年龄、性别，只要有想法、有创造力，都可以发起项目。支持者通常是普通的草根民众。项目需要所有成员的共同努力，一项艰巨的任务可以分解成许多子任务。这样分摊了项目成本，使一些看似难以完成的任务变得较为简单。

二是多样性，注重创意。众筹的方向具有多样性，在国内的《点名时间》网站上的项目类别包括设计、科技、音乐、影视、食品、漫画、出版、游戏、摄影等。发起人必须先将自己的创意达到可展示的程度，才能通过平台的审核，而不单单是一个概念或者一个点子。

（三）基于校情的突围

始丰街道中心小学地处城乡接合部，下有 4 所学校，均地处农村，师资力量、学科分布不均衡，开展教研时教师的主动性不强，合作交流能力欠缺，使教研活动停留在表面，无法达到质的飞跃，难以真正实现专业化的发展。随着城市建设的发展，始丰街道将逐渐成为新城区的中心，上级领导和辖区内的群众对学校和教师提出了更高的要求。基于校情，寻求更加科学有效的教研模式，切实提高教师的专业素养，促进学校更好更快的发展，就成了迫在眉睫的问题。

二、相关研究现状

近些年来，我国很多农村地区已实施联片教研，并进行了一些实践研究，形式上大多是把分布在不同校区的教师聚集在一起，开展主题教研课，通过同课同构或同课异构、听评课等活动进行教学研讨。前期通过大量文献检索，给后期实践操作带来了有益的启发。

如章亚萍在《构建区域协作体系　提升校本教研效率》一文中指出农村完小的校本教研，由于规模偏小、教师结构不合理、经费不足等原因，导致农村完小出现校本教研难以有效开展的瓶颈。为打破这一格局，作者提出联合区域内骨干教师先行培训、区域内教师研讨互促、与强校合作教研、与区域内名师同课异构等策略。打破各完小以校为本、单兵作战的传统格局，实现完小资源共享，达到深层次的同伴互助，提升教师的专业化发展水平。

方明在《区域协作背景下教研训一体化教研组建设的实践与探索》一文中提出教研组建设“二、三、四制”：教研组组织建设二元化、内容三层化，每一个内容对应下的形式四型化；案例活动“四段八节”：选、试、思、行；试行教研组活动课题化。通过区域协作健全组织，开展扎实有效的活动，在现有条件下提升教师业务能力，培养教师合作意识，打造学习型组织。

王晓娥、刘学军在《县域区域协作教研探索与实践》一文中指出农村学校教师教育理念滞后，教学思想、教育技术已经不适合当前课程改革的需要。县域协作教研，可以充分发挥资源优势，实现城乡教育的均衡发展，是促进农村教师专业化发展、城乡教育均衡发展的最有效途径。认为一要全员参与校本教研，实现农村教师岗位提升；二要构建开放式区域教研，实现农村教师均衡发展；三要搭建高效的网络平台，拓展农村教师的教学视野；四要以县域教学评估为着力点，实现教师评价的创新。

肖铭在《问题指向：学校教研品质提升的实践转向——以福建省尤溪县教研实践为例》一文中阐述：提升学校教研品质，打造区域教研品牌，必须立足县域实际，坚持问题导向，对接核心素养下的新课程改革提出的教研要求。基于当前学校教研的现实困境，研究阻碍教研质量的问题特征，通过实施系列实践取向的教研品质提升路径，拓宽学校教研思路，立足“三点”，依托“四化”，融入“四生”，让教研更有实效、更富成效、更显高效。

联片教研是基于学校实际而兴起的一种能够整合各个学校教研力量的重要教研形式，它虽然有力解决了各学校因师资力量单薄导致无法有效开展校内教研以及县区级教研因规模所限导致许多教师无缘参加的双重问题，但仍存在着一些普遍的问题，严重制约教师专业发展、学校特色办学和区域教学质量的均衡发展。

众多文献中虽不乏具体化的材料，但大同小异，缺少对促进教师自主研讨、个性发展方法的系统阐述，也鲜有对农村教师按专业发展水平进行层次划分，合理组合，促进不同层次的教师走研究型之路的借鉴实例。

三、众筹教研的提出

众筹，众，众人，指校内外教师、同行、专家等。筹，筹划，谋略。众筹教研就农村内同一学科教师的群体而言，专业发展水平按不同层次进行搭配组合，分组合作，组内异质，组际同质，利用众人的力量，集中大家的智慧、能力和渠道，通过教材精析、理论学习、实践验证、反思碰撞、再次检验等一系列活动，从而有效地改进、解决教学中的实际问题，提升教学效率，实现教学的价值。相对传统的教研活动，众筹教研更为开放、自主，人人参与反思、展示，内化吸收，积极性高，扎实深入，参与者的合作能力、自我发展意识、课改理论和教学实践等专业素养均得到积淀与提升。

本文提出的众筹教研模式，是指教师学习共同体背景下的新型教研模式，以新课程实施过程中教师所面对的各种具体问题为对象，通过前期集中研讨确定主题，众筹平台募集意见，类读教材自由准备，课堂验证解决问题，理论提升循环推进的模式，最大程度地集中全体教师和专家们的意见，拓展教研活动的新视野，解决教研活动开展中的瓶颈问题，让教师敢说、会说，善于反思，善于研究，从被动发展转向主动发展，提高教师的教研意识、科研能力，提升教研活动的有效性。

四、研究思路

基于课题的研究背景及研究意义，课题组通过文献检索，明晰解决问题的方法。从技术路线、基本流程、五大要素、目标指向四方面绘制改进区域教研的实践路径。

（一）课题研究的技术路线

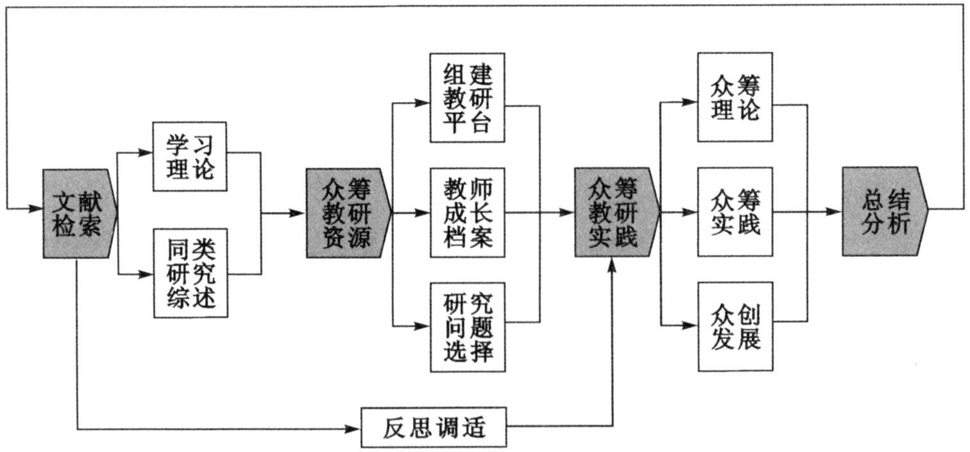

文献检索。主要通过专题学习和同类研究综述，转变教师观念、拓展研训思路、激活发展需求，厘清研究思路、搭起研究框架。

众筹教研资源。通过组建线上线下教研平台，建立教师成长档案和确定众筹教研主题，构筑行动研究基础。

众筹教研实践。从众筹理论、众筹实践和众创发展三个层面推进，构建众筹教研模式，在实践研究中不断修正、完善，实现众筹集智，解决教学中的实际问题，促进教师专业发展。

（二）众筹教研的基本流程

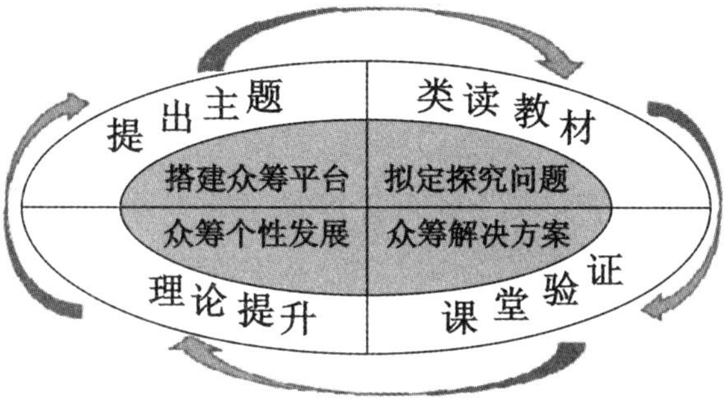

众筹教研打破常规联片的教研模式，点面结合，串点成线，围线成面，循序渐进，螺旋提升，理论和实践有机融合，形成一个完整的实践闭环。

串点成线。即提出主题、类读教材、课堂验证、理论提升串成众筹教研的实践路径，侧重于教材解读，问题分析，课堂实践，专业引领，思想提升。

围线成面。即搭建众筹平台、拟定探究问题、众筹解决方案、众筹个性发展，围成众筹教研的实践：侧重于问题解决，集智讨论，自发交流，智慧共享，个性发展。

（三）众筹教研的五大要素

类读教材、实践能力、自主交流展示、步骤有效、有价值的倾向构成众筹教研的五个要素。五要素相互缠绕、彼此交融，构成一个有机整体。

类读教材。教师对小学各册教材内容分领域进行精析，构建完整教材体系。

实践能力。教师上课、辩课、反思、研究的能力。

自主交流展示。教师主动与组内成员互动交流、组际展示。

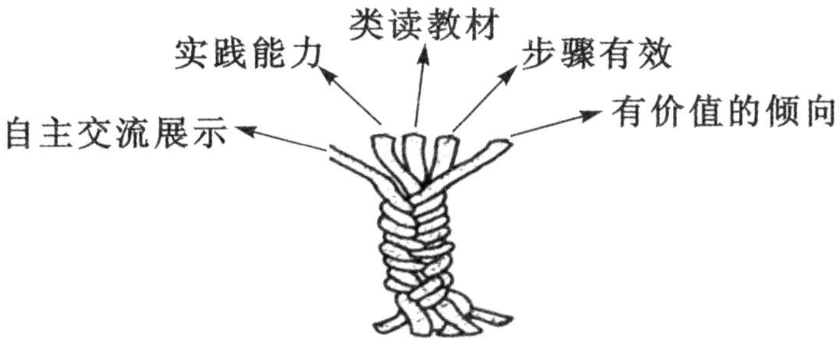

步骤有效。各小组灵活、准确、有效、合适地执行研讨的技能。

有价值的倾向。把研讨活动看作有用的、有价值的习惯性倾向，加上勤奋和自我专业发展的信念。

（四）众筹教研的目标指向

1. 构建众筹教研模式，促使教师专业发展从被动发展转向主动发展，进一步丰富教研活动形式，形成良好的教研风气、学术氛围，形成积极主动参与活动全过程的特色教研。

2. 通过众筹教研的实践，教师参与众筹理论篇、众筹实践篇、再次实践检验跟进等活动，能主动学习、系统思考，教学体例得以提升，实现教师专业自主化成长。

3. 通过众筹研讨活动，进一步提升教师的反思能力、实践能力、自主合作和自我表现的能力，教研意识、科研能力得以提升，促进不同专业发展水平的教师形成自己个性化的教学特色。

五、实践探索

与常规教研模式不同，众筹教研模式是由点和面构成的一个完整的实践闭环，点面结合，串点成线，围线成面，循序渐进，螺旋提升，实现理论和实践有机融合。

（一）提出主题，聚众成团

第一步，提出主题，激活研究热情。突破以往教师在教研前没有任何的准备，以致课后研讨观点凌乱或无言以对的情况，强调在教研活动前，项目的发起人要确定一个教师共同关注的、比较具体的、有研究价值的问题。对于研讨主题，有以下几点思考：问题的设计要与教学实践直接联系，是讨论教师最棘手的教学问题，是解决教师自己的问题、真实的问题、实际的问题。问题的设计要具有典型性，设计的是共性问题。问题的设计还要有解决的可能性，难易程度适中。如“智慧课堂”自主作业的布置，学生在群学中相互倾听习惯的培养，如何引导学生对重难点进行对学、群学、展学，如何进行五步三查等问题都是教师们在教学实践中遇到的真问题、亟须解决的共性问题。

第二步，聚众成团，搭建众筹平台。对于项目发起人上报的每一个教研主题，学校经过严格筛选，对于那些典型的、真实的、有研究价值的、可操作的研究主题，通过特定的平台予以发布，按要求吸引有相同研究方向的教师参与，组成该主题的教研组。每组一般确定 5 至 8 人，充分考虑性别、年龄、专业发展水平情况和区域学校师资，力求做到组与组之间均衡，组间人员发展水平层次分明。选定组长、确定组名、确定记录人和主要发言人，组内各成员的角色轮流充当。为便于新成立的教研组开展研究，学校要提供固定的场所，配备一些必要的设备供他们使用。教研组自身也可以依托现代信息技术手段，开发和利用 QQ、微信、博客等资源，建立开放、交互、动态的教研平台，拓展教师合作的空间与时间，实现教研资源的共享，也可邀请各地各校名师加入，建立开放、交互、动态的教研平台，实现异地零距离研讨。

（二）类读教材，众筹集智

这是在开展教研实践活动前的一项理论性的研讨活动，每一次活动都要经历五个步骤。

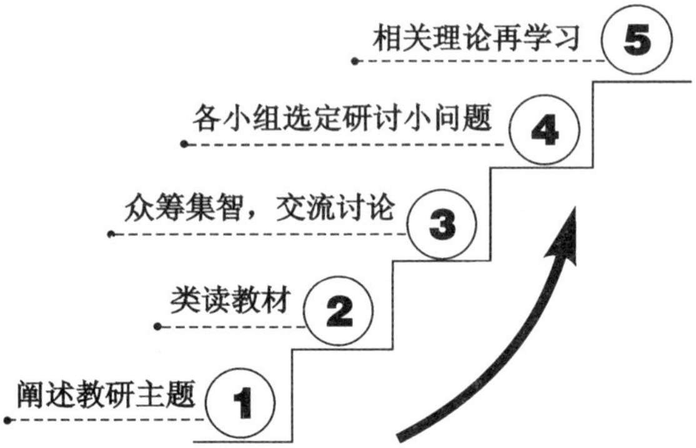

第一步，由项目主持人阐述本次教研主题。这一步与前面的主题发布内容相似，在组内重新阐述，要求更具体，除了讲明主题内容还要为组员的理论学习、类读教材划定相应的范围。

第二步，组内教师类读教材。所谓类读教材，就是从某一点生发开去，或在本课中，或在其他课文以及文献资料中找到与教研主题相同或相近的内容并将它们组合起来，从而铺展出一个又一个知识的板块。类读，要求一个“联”字，体现一个“牵”字，它解决的是教师对教学体系的掌握和教师对教学材料的积累问题。在实际操作中，教师可以针对下阶段要执教的具体课程讨论教学设计、提疑难问题等，也可以分析和解读所执教这节课在整册教材中的分布情况、前后知识的联系等，对某一知识所在的领域进行整体精细解读，挖掘知识内涵，让课程更为深厚。

第三步，众筹集智，交流讨论。这是一次课前集智，主要包括对项目进行论证，进一步深化主题，再初步确定教研方案，包括教研内容、执教教师、上课时间、上课地点，以及对教材内容开展相关的研讨。教研方案在实际操作中可以根据实际需要做适当的调整和补充。例如组内教师对执教教师的发言进行讨论、交流，解决执教老师提出的疑难问题等。

第四步，组员选定研讨小问题。集智形成共识后，项目主持人提出相关的多个研讨小问题，这些小问题可以在日常教学中发现，也就是教育教学中经常会遇到的一些小而棘手的问题，不解决就会影响教学效果，可以把这些小问题作为探讨的内容。它们也可以是关于教学的反思，就是通过教师对教学过程中的反思，筛选、查找问题，聚焦一点，确定其为研讨的小问题。当教研组长提出多个小问题后，组织大家进行相关理论学习，以提高大家对这些小问题的深度理解。最后各小组进行讨论交流，拟定探究小问题，自主选择适合本小组教师专业发展水平的小问题或大家感兴趣的小问题作为本次研讨的主线。

第五步，相关理论再学习。组内教师根据选择的小问题以及自身的专业发展水平，开展相关理论的再学习。可以上网查阅相关材料，为下次的观课议课做好充分的准备，以利于在听评课时主动发挥。

（三）课堂验证，众创解决

教研不单单是上课，但上课却实实在在是教研的重要一环。众筹课堂实践是从主题策划筹备、教材的类读到问题的分析最后都转化成课堂教学实践，共经历五个步骤。这是对前期众筹理论预设的印证，是实施众筹教研的有效反馈。

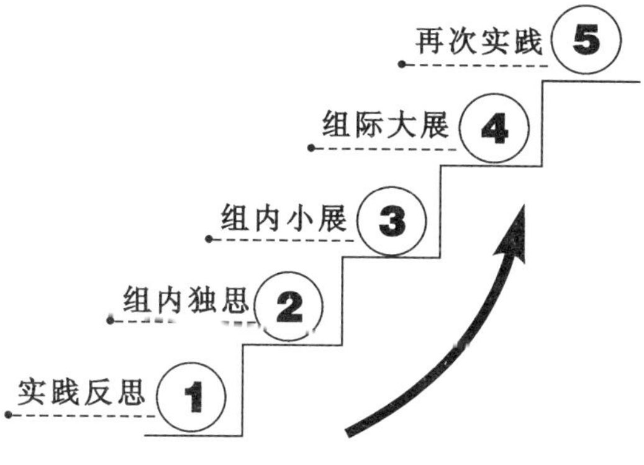

第一步，实践反思。执教教师进行课后反思，反思众筹预案的可行性，对其中达成目标的环节和教学行为进行思考：是否有预设，是否还有更好的设计和教学操作？对没有达成目标的环节和教学行为进行认真分析：是个人备课时的疏忽？还是课堂教学的灵活性不够？抑或是个人教学知识和能力储备不足？然后对课堂中生成的内容进行总结。

生成的内容中合理的部分是什么，不合理的是什么？今后在课堂中是否会有类似的生成？如果有，如何把握并发挥其最大教育意义？诸如此类，引导教师去发现自己课堂教学的亮点和缺点，促进教师更好地进行系统思考。

第二步，组内独思。当执教教师反思后，听评课老师带着拟定的小问题，结合前期收集的资料和课堂实践中的验证，进行10分钟的独立反思，研究别人的教学长处，整合自己的教学思想，看看能否有新的发展，从而提升自己。

第三步，组内小展。由于受到自身素质、观察视角、知识与经验、专业发展水平等因素的影响，其反思内容及程度均不同。为此，在教师独立反思的基础上，进行组内小展示，小展示时间为40分钟。针对本组选定的小问题把各自的观点进行组内小展示，分享自己的观点，提出解决问题的思路，人人参与交流讨论。讨论交流中记录员采用PPT形式或板书提纲式进行记录，这样的记录形式便于发言人展示，同时也能使听者听得更清晰。

第四步，组际大展。发言人代表本组观点做出解释，其他组则参与建议、提问等互动交流，在交流和碰撞中相互启迪。还可请学科名师介入，根据实践中存在的问题，组织深入研讨，分析得失原因，寻找其根源，提出有促进性、针对性的建议，促使众人不断反思，从而获得更新、更全面的认识，完成最优设计。

第五步，再次实践。在组际交流中利用集体智慧激活每一位教师的教学智慧，使集体培训与个人成长有效整合，形成自己对课堂实践独特的思考。为推进教师进一步参与研讨的自主性和反思的有效性，抽签确定其中一位教师再次进行课堂实践，促进其专业个性发展。

（四）理论提升，个性发展

学习的心得成果只有经过长期调整修正，才能变成习惯，才能内化在思想里，也才能成为性格中的一部分。在众筹研讨过程中，不同专业发展水平的教师经历具体经验—学习互动—观察分析—智慧碰撞—自我提升—积极验证六个过程，最终以批判的眼光反观自身，包括自己的思想、行为，也包括自己的信念、价值观、目的、态度和情感。以众筹研讨时的小问题作为自己反思性文章的观点，以众筹研讨时同伴们进行的纵向深入、横向展开的研讨观点修正自己的不足，再加入研讨前期大量的理论搜集和课堂验证中实际操作的案例展示，整合成较为完整的文章，积淀经验，提升理论水平。

当再次课堂实践后，继续发现问题与不足，捕捉隐藏在教学行为背后的教育观念。通过网络研讨和写博客等形式，再次进行交流和思维碰撞，提出新问题。对这些新产生的问题，教师可以在学校提供的始丰讲坛上进行发布，对论坛主题感兴趣的教师根据召集人指定的地点进行众筹集智，让问题得到创新性的发展。在这个螺旋上升且有个性化的众筹研讨过程中，善思的教师强化自我需要、自主行动、自我调整，经历创新思维—寻找特长—形成风格，不同专业发展水平的教师得到不同的发展，人人成为研究者。

六、实践成果

以课堂实践、始丰讲坛为阵地，众筹教研的实践，进而提升教师的反思能力、实践能力、自主合作和自我表现的能力。同时，教师的教研意识、科研能力也得到了一定的提升，真正做到了不同专业发展水平的教师形成自己个性化的教学特色。

一是教师自主发展的觉醒与专业化水平的提升。实践中，教师投身众筹理论、众筹实践、再次实践检验跟进等系列活动，主动学习、系统思考。开展了类读教材、导学案的编制和使用、学科小组建设、五步三省等教学论坛，更新了教师的教学理念。利用众筹教研这个平台，实现课堂转型。现在教师从学生的发展出发，形成以导学案为载体的五步三查的课堂教学模式，以学定教，实现教学合一，调动了学生的主动性，培养了学生自主学习的意识和能力，也提升了教师的课堂教学能力。激励教师从一名教书匠转向做一名研究者，教师通过以解决高效课堂课改中的实际问题为突破口，牢固树立“问题即课题，教学即教研”的观点，坚持以教师主动发展为本，加大教师校本研训力度，发挥本校的培训功能和优势，努力造就一支政治素质优良、业务基础扎实、会思考的智慧型教师队伍。自实践开展以来，1 位教师被评为台州市名师，1 位教师被评为县名师。在市县教学评比中获一等奖 10 人次。积极投身课改实验，其中省级课题结题 2 项，市级课题结题 6 项。积极撰写论文，其中获市县级一等奖的有 12 篇，在省级以上刊物发表的有 30 余篇。

二是学生学习能力的提升与个性化发展的满足。通过众筹教研的实践，先在课堂实现转型，以小组学习的方式进行课堂组织，运用五步三查教学模式进行教学已是新常态。课前，学生通过独学导学案，课堂上进行对学、群学、展学，主动进行质疑、交流，在思维的碰撞中改变了原先被动的学习局面。对学、群学、展学时积极主动地探究新知识，在学习重点、难点、疑点处，总能自发地进行交流、质疑、展示。课堂成为师生互动、生生互动的平台，思维碰撞的磁力场。这样思维拓展了，学习、交流、展示的能力提升了，课外数学学习兴趣浓了，学习负担减轻了，个性化学习需求也得到满足。实践以来，学生在省级报刊上发表文章 6 篇，网络上发表 10 余篇，在市县级各类评比中屡获佳绩。

三是学校课改经验的推广与基地校建设的辐射。学校的课改经验得到了教育部门和兄弟学校的肯定与好评，《基于众筹的区域教研实践与创新》获浙江省教师发展规划课题成果三等奖，天台县教育局专门就学校的课改成果举行专题推广活动，起到很好的辐射作用。学校将四至六年级的精品导学案编撰成集，供县域学校借鉴使用，反响很好。浙江省始丰街道数学基地校也应运而生，始丰小学全体教师积极参与始丰街道中心小学数学基地校的建设，努力搭建“研、训、用”一体化的高水平共享型小学数学资源库。通过两年的基地校建设，始丰小学基地校中已含有课程数 35 节共 171 课时，其中直播课程 9 节共 13 课时，浏览总量达 26000 多次。《小学数学“玩转图形”微课程的开发与应用研究》省级课题已结题，“玩转图形”微课程达到 158 课时，浏览总量 37000 多次；资源中心优质资源 3000 多个，学科文章等达到 150 多篇，基地校访问量达到 269000 多次。2018 年，《“数字社区”显特色　众筹合作促发展——天台县始丰街道中心小学数学基地校建设浅谈》被评为浙江省智慧教育典型案例，荣获浙江省 2018 年最佳人气案例。2019 年，《众筹集智促发展　精品微课显特色——始丰小学数学基地校建设》入选 2019 年浙江省“基于技术的教与学方式变革”之“之江汇教育广场应用”案例。2018 年和 2019 年考核优秀，始丰小学数学基地校案例还在台州市基地校会议上做典型交流。团队成员邢袁玫老师成为省之江汇讲师团成员、团队成员曹一可老师成为县讲师团成员。团队“玩转图形”微课程参评省微课大赛，现有相关省市级课题结题、立项多篇，《众筹集智　玩转图形》被评为省校本研修百项精品项目。

参考文献：

［1］周兆金，林伟扬．众筹教研：教师学习共同体背景下的新型教研模式［J］．教学月刊，2016.

［2］林伟扬．众筹教研促进智慧型教师的专业发展研究［J］．黑龙江教育，2017.

［3］王晓娥，刘学军．县域区域协作教研探索与实践［J］．华夏教师，2018.

［4］吴广德．区域联动共同体让教研真正发生［J］．宁夏教育，2020.